QU'EST-CE QUE LA VIOLENCE ?

COMITÉ ÉDITORIAL

CHEMINS PHILOSOPHIQUES

Collection dirigée par Roger POUIVET

Hervé VAUTRELLE

QU'EST-CE QUE LA VIOLENCE ?

LIBRAIRIE PHILOSOPHIQUE J. VRIN
6, place de la Sorbonne, V^e
PARIS

The English Works of Thomas Hobbes of Malmesbury, vol. III,
Leviathan, I, chap. XIII, p. 110-116
© London, 1839

J.-P. SARTRE, *Cahiers pour une morale*, p. 179-183
© Paris, Gallimard, 1983

© *Librairie Philosophique J. VRIN,* 2009
Imprimé en France
ISSN 1762-7184
ISBN 978-2-7116-2179-8

www.vrin.fr

Pour Hélène

QU'EST-CE QUE LA VIOLENCE ?

INTRODUCTION

Penser la violence passe aisément pour une démarche paradoxale. En effet, cette notion semble par excellence et par définition *l'impensable* dans la mesure où elle se donne *a priori* comme rebelle à toute tentative de rationalisation : la violence est souvent vue comme le refus de la raison, le rejet de la logique, l'exclusion du dialogue. Face à l'homme violent, nous sommes en proie au déchaînement spontané d'une force incontrôlée, qui passe toute mesure et n'entrevoit aucune limite. Selon l'opinion commune, le sujet qui cède à la violence se laisse aller à la colère ou à l'impulsivité, il a apparemment cessé de réfléchir et de délibérer. Du coup, la violence, pur déferlement d'une brutalité viscérale, s'accompagne volontiers de cruauté et de haine, ce qui accroît encore son caractère passionnel et irrationnel. La raison peut-elle comprendre le contraire de la raison, c'est-à-dire son autre ? À première vue, la réflexion ne peut qu'échouer à relever ce défi de l'infra-rationnel.

Par surcroît, la violence présente une polysémie extrême au sens où elle inclut des actions très variées et changeantes. Qu'on en juge : on parle de violence à propos de l'échange de coups, de l'injure et de l'agression verbale, du crime, du cambriolage, de la guerre, ou de la torture. Cet aspect multiforme ne manque pas de produire une large inflation du terme. Les multiples glissements sémantiques aidant, la violence est devenue une rubrique trop vaste et trop vague, sous laquelle le sens commun range maints éléments en réalité hétérogènes. Elle désigne toute action contraire à la morale, si bien qu'elle se confond avec le mal ou l'injustice. Plus symboliquement, elle évoque aussi tout mouvement excessivement énergique, telle la violence de la mer. Assimilations et amalgames fleurissent : rapport de force, tension, heurt, hostilité, même les inégalités économiques sont décrites comme des violences sociales. Intimider, menacer, faire chanter, est-ce se montrer violent ? Nous sommes ici en présence d'une notion galvaudée par les abus de langage. En plus d'avoir perdu une partie de son contenu précis et d'avoir acquis des significations hasardeuses, son statut actuel de thème à la mode n'est pas fait pour enrayer cette dispersion.

Il est donc à la fois nécessaire et ardu de définir clairement cette notion. Afin d'éviter toute dérive, limitons pour le moment la violence à *l'usage individuel ou collectif de la supériorité physique sur autrui*, à la *contrainte exercée sur une personne par l'abus de la force*. Ce type de définition a l'avantage de se concilier avec nombre d'explications données par les philosophes, tel Ricœur qui voit en elle la « destruction par quelqu'un d'autre de la capacité d'agir d'un sujet »[1]. Elle est

---

1. P. Ricœur, *Soi-même comme un autre*, Paris, Seuil, 1990, p. 187.

une intrusion de force dans l'intimité d'autrui. Faisons un sort aux flottements de sens : contrairement à une idée reçue, le mensonge, l'escroquerie ou le vol ne sont pas à proprement parler des formes de violence car ils n'intègrent aucune atteinte physique, mais consistent plutôt en de la tromperie (par abus de confiance, trahison) ou du délit (de la délinquance). De même, la colère non suivie de coups ainsi que la soi-disant violence verbale ne sont pas en elles-mêmes de la violence : elles constituent une simple dépense d'énergie disproportionnée et physiquement inoffensive. Le fait que ces comportements génèrent des dommages psychologiques ne change rien à l'affaire : la violence frappe les corps lorsqu'elle vise les consciences.

Tout irrationnelle qu'elle soit, la violence n'est pas uniquement une action désordonnée et pulsionnelle, tant s'en faut : elle sait se développer, diviser les tâches, coordonner les opérations, en un mot produire des méthodes et des stratégies sophistiquées. Loin d'être toujours improvisée, elle peut être longuement préméditée, ce qui suffit à faire d'elle un phénomène reconnaissant des règles et à la rendre explicable ou interprétable.

Pour couronner son ambiguïté, elle sert des causes légitimes lorsqu'elle réplique à une violence première et omniprésente, celle de l'oppression et de l'aliénation. Sous cette forme d'une contre-violence contestataire, elle s'insurge contre diverses formes d'exploitation, qu'elles se situent dans le travail, l'asservissement esclavagiste ou la tyrannie politique. L'homme qui se livre à la violence n'est donc pas systématiquement un individu en proie au dérèglement et s'abandonnant à l'arbitraire et à la déraison.

Quoi qu'il en soit, cette catégorie s'inscrit dans deux dimensions à nos yeux essentielles, le domaine moral et le champ politique. Cette double inscription fondamentale fait d'elle une réalité ubiquiste, un « fait social total »[1], autrement dit un phénomène entretenant des liens organiques avec toutes les dimensions de la vie sociale (économique, juridique, religieux, symbolique). En dernière instance, les figures de la violence qui se développent à chaque époque de l'histoire ne sont compréhensibles qu'en tenant compte du fait qu'elles concernent, directement ou non, tous les domaines de la culture et de la société.

Ainsi, l'élucidation du concept de violence requiert un triple traitement dont la succession est justifiée par une progression logique : en premier lieu, il nous faudra mieux cerner cette notion fugitive sur un plan logique et conceptuel en nous efforçant, sinon d'en livrer une définition unitaire, en tout cas de la distinguer des concepts-satellites qui l'entourent, à savoir la force, la puissance, l'agressivité, le mal et l'aliénation. Ces distinctions sémantiques devraient dissiper des confusions usuelles dues en partie au suremploi de cette notion fourre-tout. Thème en vogue, la violence a connu bien des vicissitudes théoriques et surtout une métaphorisation poussée : est-il légitime de parler d'un regard violent, d'un cauchemar violent, ou encore d'un vent violent ? La violence ne suppose-t-elle pas une *intention de nuire* et une *atteinte physique* infligée à la victime ? Est-il plus approprié de parler d'un regard agressif, d'un cauchemar traumatisant ou perturbant, d'un vent puissant ou dévastateur ? En second lieu, nous aborderons une *perspective morale*, c'est-à-dire limitée aux choix personnels adoptés dans l'action. Malgré la pluralité de ses origines et de ses

---

1. M. Mauss, « Essai sur le don » (1924), dans *Sociologie et anthropologie*, Paris, PUF, 1950, p. 275.

processus, la violence *individuelle* obéit-elle à des mécanismes, tant dans ses causes que dans son déroulement ? Nous verrons que la violence intersubjective peut résulter du désir de reconnaissance ou de la transgression de l'interdit. En troisième lieu, il sera temps de passer à la *violence politique*, au système organisé de la violence, administré par un État et non plus par un sujet. Cette forme maximale de violence, dont nous essaierons de mettre en relief les linéaments, n'est plus le fait d'individus isolés mais de groupes ou de nations réunis autour d'une idéologie collective et cimentés par des objectifs communs. S'agit-il encore d'une violence incontrôlée ou, au contraire, d'une violence canalisée, organisée et hiérarchisée ?

Dans ce cadre, deux problèmes majeurs attireront notre attention : dans un premier temps, déchaînement chaotique et action insensée, la violence semble être un acte aléatoire, eu égard à l'imprévisibilité de son jaillissement. Or, toute loi impose ou repère des régularités, tandis que la violence se remarque comme un acte irrégulier entre tous. Alors, la violence suit-elle des règles ou n'est-elle qu'un déferlement déréglé ? Peut-on déceler des constantes dans son cours inattendu ? Dans un deuxième temps, la violence humaine est-elle essentielle ou accidentelle, structurelle ou conjoncturelle ? Est-elle l'horizon indépassable de l'histoire ou un événement intermittent et contingent ? Les rapports humains sont-ils nécessairement des rapports de force, des relations conflictuelles, derrière lesquels couverait sempiternellement la violence ? On le voit, il s'agira de déterminer si la violence s'avère fondamentale ou seulement fréquente et récurrente dans l'histoire de l'humanité.

La spécificité de la violence :
quelques distinctions fondamentales

Violence, force, puissance

Recourir à l'étymologie s'avère précieux : en latin, le mot *vis* désigne la force (d'où le terme de virilité). Ainsi, la violence concernerait seulement l'homme et non la matière (voire le masculin et non le féminin). Toutefois, cette racine *vis* présente une polysémie complexe : d'abord, elle contient une acception nettement négative – signification qui s'est imposée depuis –, celle d'un usage abusif de la force, d'une bestialité incontrôlée. Le sens qui domine au XVIIᵉ évoque une puissance néfaste, mais a aussi intégré l'idée positive d'un effort sur soi, au sens de « se faire violence ». Puis, depuis Cicéron, *vis* reprend les dénotations du grec *dunamis*, dynamisme, vigueur, puissance, synonymes d'une énergie positive. Comme l'indiquent les radicaux grecs et indo-européens, cette racine est intimement liée à l'idée de la vie : la force vitale dans ses manifestations serait de la violence, dès lors assimilable à la pure vitalité. Enfin, elle signifie aussi le caractère essentiel, l'essence d'un être, voire sa vertu et sa valeur. Cette origine semble mettre l'accent sur la nature humaine et sur la violence comme sa caractéristique systématique. La question de savoir si l'homme est violent par essence est donc posée dès la genèse du mot.

Passons de l'étymologie à la définition. Aux articles « Violence » et « Violent », le *Dictionnaire universel de Furetière*[1] stipule que la violence « se dit aussi des choses

---

1. Tome III (P-Z), Paris, SNL-Le Robert, 1978, d'après l'édition de La Haye-Rotterdam, Arnout-Leers, 1690.

naturelles et inanimées» (telle la violence du «vent», d'un «tremblement de terre», de la «fièvre», des «remèdes»); et même «se dit figurément en choses morales» (ainsi de la «passion»). Malgré cette extension du concept à des éléments non-humains, nous jugeons plus prudent de limiter l'acception de cette notion à sa dimension anthropologique car, sans ce frein, *tout* peut être qualifié de violent : un cauchemar, une idée, pourquoi pas une couleur? En outre, d'autres termes nous paraissent rendre compte plus adéquatement de tels phénomènes, comme l'intensité, la virulence, l'impact ou, justement, la force. On doit à Chesnais d'avoir débroussaillé ce terme obscurci par les discours contemporains en ne retenant comme violence que l'atteinte corporelle effective contre les personnes[1]. Elle comprend les «homicides», les «viols», les «coups et blessures» et les «vols à main armée», ce qui lui fait dire que *la* violence est une unité artificielle et qu'il est préférable de parler *des* violences, dont la hiérarchisation importe. La violence *physique*, seule forme de violence à part entière, se signale par sa gravité car elle peut aboutir à la mort d'un homme et, potentiellement, «elle met en cause l'ordre social»[2] en ce que tout lien n'existe qu'à partir du respect implicite du corps d'autrui. Pour toutes ces raisons, ce sociologue de la violence rejette les appellations de «violence économique» et de «violence morale» (ou «symbolique»).

– La première, qui réunit «toutes les atteintes aux biens»[3] et à la propriété, est de la délinquance, mais a été qualifiée de violence parce que la confusion règne souvent dans nos sociétés de consommation entre l'être et l'avoir, et nous

1. J.C. Chesnais, *Histoire de la violence*, Paris, Pluriel, 1981, p. 12-14.

2. *Ibid.*, p. 12.

3. *Ibid.*, p. 13.

croyons que les objets sont par transsubstantiation des sortes d'appendices de notre corps. Un cambriolage est *vécu* comme une violence, un viol symbolique, alors qu'il est un délit. Le *Code Pénal* refuse au vandalisme le statut de violence lorsqu'il qualifie les infractions commises sur les choses de « dégradation », « destruction », « détérioration », ou « dévastation ». Pourtant, il arrive qu'on admette une relation intersubjective par procuration : une violence est dirigée contre les objets *en tant qu'ils appartiennent à un sujet*. Le lien de propriété sert alors de médiation : si je casse des pierres dans le désert qui ne sont à personne, je ne suis pas violent ; par contre, si je brise un objet possédé par quelqu'un, j'attaque indirectement cette personne.

– La seconde – qui inclut par exemple l'injure, la calomnie, la colère, la menace ou le chantage, juridiquement répréhensibles –, authentique abus de langage, a un contenu éminemment subjectif et relatif : certaines injures ont tôt fait d'anéantir un homme fragile qui en amuseraient un autre, sûr de lui et imperméable aux propos insultants. Même si une manœuvre d'intimidation exerce une pression sur l'individu comparable dans ses effets à la violence, elle n'en est pas une puisqu'elle en est un substitut qui évite au coupable de recourir réellement à la violence. Ces conduites se rapportent plutôt à des formes d'*aliénation*, d'*autorité* ou de *pouvoir*. Malgré l'opinion commune, il n'y a pas à strictement parler de violence verbale ; bien que les mots cinglent, la parole n'ôte ni la vie ni la liberté, et ne nous touche qu'à proportion de notre sensibilité.

Cela admis, *qui* est violent ? Peut-on concevoir une violence des objets ou seul l'homme est-il capable de violence ? Il semble qu'il n'y ait de violence que *par rapport à l'homme*. Elle implique une *douleur ressentie* ; or, un objet ne souffre pas. On ne peut pas dire d'une avalanche qui a tué quelqu'un qu'elle s'est montrée violente – elle fut terrible, tragique –, puisqu'il y a violence lorsqu'il y a atteinte à l'autonomie physique d'une personne par une autre personne. Il y a la même absurdité à concevoir une violence entre des objets et des sujets qu'entre des objets seulement... Toute violence est *intersubjective*, elle met en scène deux sujets au moins, fut-ce par l'intermédiaire d'un objet.

Sur le même mode, on ne parlera pas de la violence d'une tempête puisque la violence suppose une *intention de nuire* et sollicite la présence active d'une *conscience*. L'idée d'une violence involontaire n'est rien de moins qu'une expression contradictoire : si je blesse quelqu'un sans le vouloir, même gravement, c'est une erreur, une maladresse. Par analogie, la matière et la nature ne sont jamais violentes bien que l'on parle de catastrophes naturelles. Toute catastrophe est culturelle : la nature n'est pas catastrophique *en soi* mais uniquement *pour l'homme*. En effet, sans ce dernier, il ne s'agit ni plus ni moins que d'un déplacement de matière, comme un tremblement de terre ou un glissement de terrain. Un séisme qui ne fait aucune victime n'est pas considéré comme violent : de la matière a changé de place, voilà tout. La redistribution énergique de la matière inerte ou vivante est un mode d'autorégulation de la nature ! Selon des spécialistes, la tempête qui a durement frappé la France en 1999 a revitalisé la forêt en abattant des arbres trop proches.

Alors, malgré leurs ressemblances, faut-il dissocier violence et force ? Un amalgame règne entre les deux notions : on dit que faire violence à quelqu'un, c'est le *forcer*. Par exemple, l'extorsion illicite d'un accord sous la contrainte est conçue comme une forme de violence. En réalité, la force accomplit la nature d'un élément, elle l'épanouit en allant dans le sens de ses propriétés et de ses fonctions ; elle répond et correspond à l'essence d'un être. Avec sa dénotation positive, la force peut être vue ici comme une *énergie féconde* qui produit une unité structurelle en rassemblant des éléments disjoints. À ce sujet, la notion métaphorique de force d'âme va bien dans ce sens puisqu'elle indique la concentration d'une certaine vigueur morale. La force affirme ou raffermit l'état optimal d'un corps. Par contre, un phénomène violent s'impose à un être *contrairement à sa nature*. La violence représente une *source de perturbation d'un ordre*, et cette perturbation elle-même par dérivation, qui frappe jusqu'à son auteur. Dans la médecine hippocratique tout comme dans la physique scolastique, la violence au sens ancien du terme a longtemps été définie comme l'intervention d'une cause extrinsèque qui rompt le cours de la nature. Altération dénaturante, elle a pour conséquence l'éclatement d'une unité ou un effet déstabilisateur : elle bouscule et bouleverse l'équilibre d'un ensemble. Dans ce cadre, on a par exemple coutume d'opposer une « mort violente » à une « mort naturelle », celle-ci ayant lieu « dans son lit » (« de sa belle mort »). Il n'y a pas de violence tranquille bien qu'il y ait une force tranquille.

Il existe une seconde différence évidente entre ces deux notions : la violence résulte immanquablement d'un *choix libre*, ou au moins du désir inconscient d'un sujet, tandis que la force peut être un fait naturel et physique, et par conséquent non intentionnel. Il faut rapporter la violence à une décision et à une conduite.

La violence s'apparente à une *force en acte*. En effet, la notion de force ne suggère pas l'idée de son usage effectif : qu'elle désigne la pure et simple vigueur physique, un effectif militaire, ou, au sens des sciences physiques, une cause capable de déformer un corps, d'en modifier l'état de repos ou de mouvement, elle n'implique pas sa mise en œuvre concrète. Un homme fort a beau laisser sa force musculaire inactive, il n'en est pas moins fort; par contre, il n'a certainement pas pu être passif pour qu'on ait pu dire de lui qu'il a été violent[1]. La violence est donc systématiquement synonyme d'*activité* tandis que la force, même paralysée ou inefficiente, continue néanmoins d'être une force. En ce sens, il est loisible de soutenir que la force n'est que la *possibilité* de la violence.

Ce n'est d'ailleurs pas un hasard si le mot *puissance* est à la fois synonyme de force et de potentialité. Pourtant, dans des expressions où la notion de force est usitée, l'idée d'activité est présente : il en va ainsi pour ce que l'on nomme une force de la nature, un homme à qui rien ne résiste et qui a administré la preuve de sa relative invulnérabilité, ou pour la notion physique de champ de forces qui implique une action dynamique, ou encore celle – exemplairement récusée comme nulle et non avenue par Rousseau dans *Du contrat social* – de droit du plus fort[2]. Mais ces exemples sont des exceptions notables : en règle générale, la force désigne une capacité, une virtualité, une prédisposition. Disposer d'une force de frappe ou d'une force d'âme, ce n'est pas forcément en avoir fait usage. Dans cette mesure, la notion marxiste de force de travail n'inclut pas l'idée de son exercice, ou secondairement, puisqu'elle signifie chez Marx :

---

1. Bien sûr, on peut être violent sans être fort, aussi vrai que l'on peut être fort sans être violent.

2. Rappelons la célèbre critique rousseauiste de cette expression : la force ne peut produire aucun droit particulier puisqu'elle est instable par nature pendant que le droit exige un fondement invariable, et que la soumission à la force exclut l'obéissance par devoir (J.-J. Rousseau, *Du contrat social*, Paris, 10/18, 1973, Livre I, chap. III, « Du droit du plus fort »).

l'ensemble des facultés physiques et intellectuelles qui existent dans le corps d'un homme, dans sa personnalité vivante, et qu'il doit mettre en mouvement pour produire des choses utiles [1].

L'état initial de la force de travail réside d'après cette définition dans l'*immobilité* : puisqu'elle est achetée comme une marchandise, elle est d'abord inerte et ensuite, d'aventure, elle se retrouve mue. De même, les forces naturelles que sont la lumière, la chaleur ou l'électricité, désignent des agents physiques capables – et uniquement capables – de produire des effets mécaniques. La force en général se confond souvent avec l'inertie ou le mouvement virtuel. Au mieux, elle est chez certains auteurs à mi-chemin entre l'immobilité recueillie et la motricité spontanée, tel Leibniz pour qui elle désigne l'essence de la substance :

> Par la force ou puissance […] j'entends un milieu entre le pouvoir et l'action, qui enveloppe un effort, un acte, une enté-léchie, car la force passe d'elle-même à l'action en tant que rien ne l'empêche. C'est pourquoi je la considère comme le constitutif de la substance, étant le principe de l'action qui en est le caractère [2].

La force en général est donc prioritairement un principe d'action et une énergie contenue. Par contre, nous venons de l'indiquer, la violence est le déploiement de son action. Ne parle-t-on pas d'un acte de violence, et non, après tout, d'un acte de force ? Également, l'appellation de « forces de l'ordre »

1. K. Marx, *Le capital*, I, 1867, trad. fr. J. Roy, Paris, Flammarion, 1985, p. 130.

2. Leibniz, *Système nouveau de la nature et de la communication des substances*, dans B. Russell, *La philosophie de Leibniz* (1900), Paris, Gordon and Breach, 1970, p. 47.

n'implique pas qu'elles usent de violence mais qu'elles maintiennent la paix sociale par leur seule présence. Il n'y a pas dans la force l'idée qu'on ait déjà mésusé de la puissance en question, attendu qu'elle n'implique pas qu'on en ait simplement usé. Par contre, la notion de violence sous-entend l'engagement d'une brutalité dans la pratique et le cours des événements. Une violence potentielle ne veut rien dire : tant que cette puissance n'est pas passée à l'acte, nul ne peut la qualifier *a priori* de violente. Il vaudrait mieux parler à son propos de forces en présence. Si l'on parle d'une force de dissuasion, et non d'une violence de dissuasion (hormis, supposons, dans le cas du châtiment en justice), c'est bien parce que la force en tant que disposition n'a pas besoin d'être active pour être désignée statutairement comme une force, la dissuasion représentant la *présence menaçante mais non-violente de la force*. En théorie, la force détourne du recours à la violence. Par conséquent, la conscience ne peut que constater l'existence de la violence lorsqu'elle est survenue, puisque rien d'elle n'existe potentiellement. Si l'on peut raisonnablement estimer que des situations se révèlent, plus que d'autres, lourdes de tensions et de conflits latents, seule la patence ultérieure de l'acte violent est susceptible de lui donner après coup une consistance et un poids, pour ne pas dire une réalité. Toute violence est actuelle et n'est jamais en puissance. L'*intention* violente ne prend sens qu'à la lumière de l'*action* violente : au contraire de la force qui existe en soi, *il n'y a pas de violence avant l'apparition concrète de la violence*.

Lorsqu'elle surgit, la violence est considérée par le droit civil comme une cause de nullité des contrats et donc d'annulation des accords passés. La législation interdit que l'on reconnaisse une quelconque validité à un accord obtenu par une forme de violence directe ou indirecte : « La violence n'est susceptible de vicier le consentement que si ce dernier a été donné dans des circonstances de fait impliquant une contrainte injuste et illicite » [1]. Similairement, Rousseau estime dans *Du contrat social* que l'homme violent s'exclut du corps social en rompant par son acte le pacte d'association [2]. En règle générale, être violent, c'est se mettre soi-même à l'écart des autres, se singulariser alors que l'essence de la loi est l'universalité et que la force rassemble les hommes. Les groupes humains ont besoin de la protection de la force, la faiblesse étant sentie comme insécurisante. L'homme fort est indispensable à la communauté; l'homme violent s'y rend détestable. Enclenchant un processus d'auto-isolement, la violence consiste en la mise en avant excessive de son individualité au détriment du groupe.

Par là, elle est toujours hors-la-loi et dépasse les bornes et les normes tandis que la force se tient dans les limites de la légalité. En sport, un tacle musclé est régulier alors qu'un croche-pied sournois sera sifflé comme une faute, une violence non réglementaire. C'est pourquoi l'action violente suscite des résistances et des répliques. Par contre, la force, modérée et mesurée pour se tenir dans le champ étroit d'une normativité précise, impressionne et ne soulève pas souvent de réactions défensives de ce type. La force rassure ou intimide : elle règle une situation en ne lésant personne. Nul adversaire n'a réellement à se plaindre de la force puisque l'homme fort n'a pas abusé de son pouvoir. Son refus de passer à la violence, d'outrepasser ses droits – alors qu'il le pourrait –, induit dans la conscience de l'adversaire un respect moral. La force est le

---

1. *Code civil*, Paris, Dalloz-Sirey, 1994, art. 1112.
2. J.-J. Rousseau, *Du contrat social*, LII, chap. V, p. 94.

mot de la fin, tandis que la violence risque toujours d'entamer une histoire interminable.

Allons plus loin : la violence est une force employée, certes, mais plus précisément une force *mal employée*. Bien loin d'un usage constructif, elle consiste en l'orientation malveillante de la puissance physique et s'accompagne de *quantifications morales*, tandis que la force reste pure de toute détermination éthique. Dans cette perspective, Lalande définit la violence comme « l'emploi illégitime ou du moins illégal de la force »[1]. Sauf dans les cas extrêmes du masochisme, du martyre ou de l'héroïsme, il n'y a pas de violenté consentant, volontaire : toute violence est *subie* du point de vue de la victime. En tant qu'accomplissement brutal d'un acte condamnable, la violence est l'instrumentalisation destructrice de la force[2]. La mauvaise réputation de la violence la dissocie de la neutralité énergétique de la force et suffit à la définir comme une action injuste ou immorale se rapportant à des mauvais traitements. Être violent revient à causer du tort à quelqu'un, être fort équivaut à le soutenir. Utiliser sa force n'est pas nuire. La violence est d'emblée de l'ordre du *délit* alors qu'il peut n'y avoir qu'une *expression* de la force. Les héros sont rarement décrits comme violents mais comme forts et astucieux,

---

1. A. Lalande, *Vocabulaire technique et critique de la philosophie* (1926), Paris, PUF, 1988, p. 1210.

2. Cette définition sera réévaluée plus tard, car il va de soi que de nombreuses figures de la violence telles que la légitime défense, la révolution ou la guerre de libération sont réputées positives et justes ; mais nous parlons et partons ici du concept de violence tel qu'il se donne en premier lieu, dans son sens immédiat. Il n'empêche que ses acceptions mélioratives consistent aussi en des opérations de destruction.

puisqu'ils sont censés défendre la cause du « bien »[1]. Malgré quelques rares épisodes violents, Ulysse le guerrier est le héros archétypal de la ruse au service de la force : les fameux épisodes du cheval de Troie dans l'*Iliade* et du Cyclope dans l'*Odyssée* en témoignent éloquemment.

Cette confusion dissipée, une autre est à examiner : la violence commence-t-elle dès la phase de l'agressivité ? Menacer quelqu'un, est-ce déjà passer à l'acte violent ?

La violence et l'agressivité

À première vue, rien ne semble dissocier décisivement la violence de l'agressivité, attitude hargneuse et querelleuse qui manifeste une volonté d'entrer en lutte : tout acte de violence est assimilable à une agression. En outre, la violence dans son déroulement s'accompagne le plus souvent d'agressivité (cris, menaces, paroles de défi), tant et si bien qu'il est ardu de démêler la part exacte qui revient à l'une et à l'autre. Néanmoins, ce voisinage n'équivaut pas à une identité.

Selon Freud, la violence est le résultat de la présence en l'homme d'une agressivité spontanée, constitutive de l'économie de notre vie psychique. Deux pulsions antagonistes mais nécessaires au même titre existent en nous : la pulsion de vie, *Eros*, et la pulsion de mort ou d'agressivité, *Thanatos*. Celle-ci est la tendance humaine à la destructivité en général, par opposition à la pulsion de vie qui œuvre pour la préservation de la vie. La pulsion de vie est liée à l'instinct de conservation, de soi ou de l'espèce (réactions de défense, de fuite, pulsions sexuelles). Freud reconnaît l'existence d'une agressivité universelle, tout

1. Dans les bandes dessinées et les films naïfs et manichéens, les « gentils » sont forts et les « méchants » sont violents…

homme étant habité par des pulsions de destruction. L'élan de négativité est inhérent à chaque individu :

> L'homme n'est pas cet être débonnaire, au cœur assoiffé d'amour, dont on dit qu'il se défend quand on l'attaque, mais un être, au contraire, qui doit porter au compte de ses données instinctives une bonne somme d'agressivité[1].

Précisément, la pulsion de mort est un penchant de tout organisme à retourner à l'état inorganique pour s'arracher aux tensions de la vie. À cet égard, le suicide, violence tournée contre soi, indique une excroissance de cette pulsion de mort. Le fondateur de la psychanalyse interprète ainsi la fascination pour la mort, le plaisir de la destruction (comme chez l'enfant qui joue à faire souffrir des insectes ou à casser ses jouets), le « refus » de guérir de certains malades par le jeu des résistances inconscientes – le névrosé « tient » à ses symptômes… –, ou les cauchemars obsessionnels mettant en scène l'événement traumatique. Nous sommes travaillés par une complaisance morbide, une compulsion contraire au principe de plaisir – car la pulsion de mort implique d'aller « au-delà du principe de plaisir ». Les deux pulsions complémentaires s'appuient l'une sur l'autre : par exemple, la pulsion de la faim pousse les animaux et les hommes des origines à se procurer de la nourriture par l'agressivité. Or, la pulsion de mort dirigée contre autrui est refoulée du fait de notre éducation, ce qui peut enclencher un comportement autodestructeur, un « masochisme », comportement d'autopunition lié à l'angoisse de la culpabilité. La pulsion représente une énergie qui ne disparaît pas purement et simplement, mais doit se dépenser et s'investir dans la réalité. Elle se trouve des échappatoires, des

---

1. S. Freud, *Malaise dans la civilisation* (1930), Paris, PUF, 1986, p. 64-65.

« défoulements », pour éviter de développer un sentiment d'angoisse. La souplesse ou plasticité des pulsions les fait s'adapter aux circonstances. Le sujet ne pourrait pas vivre s'il n'était pas capable de déplacements compensatoires de ses désirs, de sublimation, si bien que l'agressivité ne conduit pas forcément à la violence, à condition que les formes distinctes dont elle se nourrit soient analogues. Le violent ne sait ou ne peut se dire non et refuse de faire une croix sur ses pulsions ; il ne peut se contenter de substituts et acquiesce immédiatement à tous ses désirs en ne triant pas entre ses propensions. Il échoue à sublimer ses fantasmes.

Ces analyses de Freud sur l'agressivité refoulée et modulée ont influencé beaucoup de psychologues et de sociologues, voire de biologistes. Certains, comme le biologiste Laborit ou le sociologue Leyens, ramènent globalement la genèse de l'agressivité au schéma comportemental suivant : le sujet émet une intention, laquelle est refoulée par le milieu ou le système social ; ce refoulement produit à son tour une frustration, celle-ci développant alors de l'agressivité. Cette dernière est donc une réponse à une vive déception, à une stimulation désagréable (comme dans la psychologie du comportement). Sa cause principale est l'inhibition d'une pulsion, l'impossibilité de l'assouvir ou de fuir une situation sans issue. La rage agressive se déverse alors en se tournant vers la source de la frustration, vers n'importe qui (violence, injures), vers des objets (jetés ou cassés par dépit, en détournant son agressivité pour ne pas frapper la personne concernée), mais aussi vers soi-même (angoisse, dépression, nervosité, douleurs psychosomatiques, suicide). La colère est une réponse désespérée à une situation aporétique, la conséquence de la saisie brusque d'une impuissance à agir. Au fond, *peu importe l'objet de la satisfaction pulsionnelle* : il peut être imaginaire ou symbolique et admet des substituts protéiformes. En définitive, c'est vers nous-même que nous nous tournons si rien ni personne n'est à notre portée.

L'agressivité est une notion principalement *corporelle* tandis que la violence se rapporte à un *état de conscience*. On peut expliquer l'agressivité en termes purement biologiques, comme la colère qui résulte d'une montée d'adrénaline. Elle est avant tout physiologique à la différence de la violence dont le fondement est psychologique. Bien que n'étant pas *passive*, l'agressivité est une attitude *réactive* et non pas *active* : l'homme agressif n'agit pas vraiment, il se contente de réagir, étant davantage l'objet de son action que son sujet. À ce titre, il parlera volontiers à la voix passive : « La colère m'a pris », « J'ai été irrité par sa remarque », et non : « J'ai décidé de m'énerver ». Mais alors, où est la liberté si l'action humaine est le produit de déterminations physiologiques ? L'homme n'est pas une mécanique, une machine sans décision autonome. Vue cette exclusion de la référence à la conscience et à la volonté, est-il dangereux de penser que la violence n'est pas un acte libre et qu'elle est inévitable ? Je serais violent parce que le milieu dans lequel j'évolue le réclame. Par extension, pour supprimer la violence, ne suffirait-il pas d'agir sur les causes biologiques qui la font naître ? Malgré la part de vérité qu'elle contient (la violence ne tombe pas du ciel, elle a des causes répertoriables), cette conception a souvent été dénoncée comme insuffisante. Dans cette vision, toute la dimension de la volonté et du choix est manquée alors qu'elle est fondamentale pour comprendre le phénomène de la violence. De plus, ses conséquences sont désastreuses : en justice, nul ne sera responsable de sa violence puisque, absolument parlant, elle n'est pas un acte intentionnel du sujet.

Malgré leurs ressemblances, la violence ne se ramène pas à l'agressivité, laquelle est purement pulsionnelle. Identifier les deux notions réduirait l'humanité à l'animalité : il y aurait, au passage, perte de la différence spécifique, de ce qui caractérise et distingue en propre l'humain par rapport aux autres espèces. L'animal ne peut pas être désigné comme violent mais seulement comme agressif ; seul l'homme peut être dit violent. La conduite violente est sous-tendue par une intention de nuire, c'est-à-dire par une décision précédée d'une délibération. Ce comportement est nécessairement commandité par la liberté ; or, l'animal ne dispose pas à proprement parler d'un libre arbitre, il a peu de capacité de choix en dehors des exigences de l'instinct. L'agressivité est purement instinctive et donc déterminée d'avance : elle est naturelle, innée, codifiée dans le patrimoine génétique. On ne dira pas qu'un lion s'est comporté de manière violente avec une gazelle. L'animal ne choisit guère d'être violent ni non-violent : il est doux ou agressif selon que les impératifs vitaux le réclament ou non. Seul l'homme peut faire preuve de violence gratuite, de cruauté, alors que les conditions du milieu ne le demandent pas pour s'adapter. La violence est un surenchérissement par rapport aux exigences de la survie. Si l'on s'essaie à tirer les leçons philosophiques de la thèse évolutionniste, on s'aperçoit que l'agressivité joue un rôle axial dans l'évolution des espèces. Que l'on mette l'accent sur la sélection naturelle (Darwin) ou sur l'adaptation au milieu (Lamarck), une conclusion s'impose : malgré les théories plus récentes sur l'entraide entre les espèces, l'agressivité – et non la violence – semble omniprésente dans les mécanismes de la nature (entendue comme l'ensemble des règnes, végétal et animal). Elle est synonyme de lutte pour la survie, de compétition féroce, de concurrence vitale entre les espèces. N'en déduisons rien de plus : ce fameux *struggle for life* a servi à

Spencer (XIXᵉ) pour justifier le système capitaliste et son organisation concurrentielle, dérive baptisée « le darwinisme social ». Pour Lorenz[1], darwinien convaincu, spécialiste d'éthologie, le rôle dévolu à l'agressivité surpasse sensiblement celui attribué à la violence. La grande menace pour un sujet réside dans son espèce, qui mange la même chose que lui, non dans les autres espèces ni prédateurs qui ont intérêt à préserver leur nourriture ! « Instinct de combat de l'animal et de l'homme, dirigé contre son propre congénère »[2], l'agressivité n'est en rien nuisible mais profite au contraire à l'espèce. Ainsi l'agressivité intra-spécifique (et donc l'agression) dissémine les individus sur des territoires plus vastes où ils peuvent mieux pourvoir à leurs besoins ; elle sélectionne aussi les individus les plus robustes et les plus aptes à la reproduction. En cas de combats mortels, des mécanismes naturels d'inhibition de l'agression (tels des rituels) limitent les conflits excessifs. Hélas, chez l'homme, ce dispositif de sécurité manque cruellement, si bien qu'il doit inventer par lui-même des moyens de conjurer sa propre violence.

Par suite, l'agressivité est *naturelle* et la violence est *culturelle*. Celle-ci qualifie le comportement d'êtres doués de raison – et donc de déraison –, de liberté et d'imagination ; elle implique une connaissance minimale du bien et du mal, du juste et de l'injuste (ou de ce qui en tient lieu idéologiquement). Il n'y a de violence que dans la sphère éthique et elle suppose la civilisation. L'animal est agressif parce qu'il est amoral, c'est-à-dire en deçà du bien et du mal – et non pas au-delà ou par-delà, n'ayant pas dépassé sa condition. Malgré

1. K. Lorenz, *L'agression. Une histoire naturelle du mal* (1963), trad. fr. V. Frisch, Paris, Flammarion, 1970.

2. *Ibid.*, p. 5.

les expériences concluantes sur les rats ou les pigeons, la transposition de l'animal à l'homme, jadis si aisée, n'est plus guère d'actualité dans le champ des sciences – tant de l'homme que de la nature – et semble une projection hasardeuse. Rien n'autorise à inférer une conséquence humaine à partir des observations effectuées sur le comportement animal ; la proximité serait ici une approximation. Le fait que nous soyons probablement d'anciens animaux est un argument qui milite davantage en faveur de la distance culturelle que du rapprochement naturel : si nous ne sommes plus des êtres mus par les lois naturelles, c'est que la culture a tout recouvert, qu'elle nous motive seule et qu'elle a relégué l'inné au rang d'ancêtre vénérable mais antédiluvien. L'individu ne se bat jamais au nom d'un vieil instinct naturel mais toujours en vertu d'une intention contingente. Aux yeux de certains, l'agressivité est déjà de la violence tout en en étant le dernier avertissement. En tout cas, si la plupart des formes de violence débutent par l'agressivité, la majorité des attitudes agressives n'aboutissent pas à la violence. D'où le paradoxe suivant : l'agressivité ne conduit pas souvent à la violence mais en semble même un habile moyen d'*évitement*. Tout en en étant le signe avant-coureur et le premier symptôme, elle en représente paradoxalement l'alternative. Certes, un comportement agressif risque toujours de dégénérer en violence dans la mesure où il en est la promesse, la menace, la sommation d'usage. Pourtant, ce signal n'est que l'indice de sa survenue prochaine : en fait, rien n'est joué, et la mascarade de l'agressivité devient une méthode idéale pour différer indéfiniment ou annuler le moment de la violence, tels ces chats qui font le gros dos pour simultanément montrer leur puissance et essayer d'éluder une lutte indésirable.

On le voit, les axes biologique et psychologique ne suffisent pas à épuiser cette épineuse question car la violence est à voir comme une action *injuste* : comment penser cette notion dans la sphère éthique ? La violence, paradigme de l'action moralement critiquée, est-elle assimilable au mal ?

La violence et le mal

Faire du mal ne se résumant pas à *faire mal*, la violence et le mal ne se confondent pas. La violence n'est qu'un sous-ensemble, certes important, du domaine du mal : il existe bien des moyens non-violents d'être mauvais envers autrui, comme le mensonge gratuit, l'escroquerie, ou le vol. Le fait que le mal soit une notion en elle-même contestable, tributaire des codes culturels et des conventions sociales, n'entre pas dans le cadre de cette étude. Pour commencer, le contenu du mal recèle encore quelques évidences : jusqu'à preuve du contraire, rien ne peut rendre défendables le viol, la torture, ou le génocide. En plus de ce constat, nous tiendrons pour acquis qu'une société donnée tombe d'accord, globalement, sur le contenu du bien et du mal, même si ces deux notions antinomiques ne lui apparaissent plus comme des valeurs éternelles absolument opposées et ne ressortissent pas au manichéisme classique des morales traditionnelles et des religions. La crise des certitudes morales et la fréquente complexité des cas de conscience ont abouti dans la modernité à la relativisation des hypostases et au remplacement du bien et du mal par les notions, moins conno-tées, de justice et d'injustice. Loin des réponses toutes faites des dogmes, ce virage éthique ne change rien pour nous au concept du mal puisque, circonstanciel et relatif, il continue de représenter la somme des comportements qu'une société donnée abhorre et rejette.

Débutons cette comparaison en observant qu'une certaine *évidence* de la violence contraste avec l'*ambiguïté* du mal que nous venons d'évoquer. Dénué d'équivoque, l'acte violent exclut tout révisionnisme : on ne revient pas sur les faits, à la rigueur sur leur interprétation. L'atteinte causée par la violence est peu subjective puisqu'un coup porté au corps produit un impact mesurable. La douleur physique – qui n'est pas la souffrance morale – qu'occasionne une mâchoire cassée ou un coup de couteau ne donne pas lieu à de grandes divergences. Par contre, eu égard à la contingence des interdits, il est loisible de différer notablement sur la teneur de l'action mauvaise. Par exemple, lorsque Sparte était sans cesse en guerre, soit assiégée soit assiégeante, les enfants spartiates étaient entraînés à voler car ils étaient les seuls à pouvoir s'infiltrer dans le camp ennemi par d'étroits passages pour y dérober des armes ou de la nourriture. Cette éducation faisait alors du vol un devoir.

Il suit de ce qui précède que la violence est un *acte* tandis que le mal se rapporte à un *jugement*. La première est de l'ordre du fait brut, de l'événement vierge de toute appréciation et fait l'objet d'un constat flagrant : elle se remarque à sa visibilité immédiate. D'ailleurs, l'individu ne nie pas souvent sa violence, mais éventuellement ses significations, tel l'enfant bagarreur qui dit que ce n'est pas lui qui a commencé mais toujours l'autre. De son côté, le mal est une évaluation d'un acte élaborée *a posteriori*. Il est clair que l'action doit s'être déjà déroulée pour se voir attribuer un sens. La violence précède donc toujours le mal, et point n'est besoin d'une vision du monde pour s'apercevoir qu'un viol, une rixe ou un massacre sont des actes violents. La plainte des victimes suffit à cet établissement. On peut reconnaître qu'une entreprise est violente et l'approuver. Le mal, lui, n'est pas de l'ordre de la réception passive, mais demeure un point de vue à justifier, un possible objet de controverse. Il prend sens à partir d'une morale ou d'une idéologie qui impose ou propose des valeurs, des références jugées idéales qui dictent des normes à la conduite. Il faut dire que la violence n'est ni vraie ni fausse ; le mal, à l'inverse, peut être contredit et contesté. Elle est reconnaissable, il est connaissable.

Nous avons dit que le mal est une notion plus large que la violence, car tout mal n'est pas nécessairement une violence, tandis que de nombreuses figures de la violence sont des maux. Néanmoins, certaines violences ne sont pas considérées comme mauvaises, paraissant justes ou justifiées puisqu'elles se ramènent toutes à la catégorie de la légitime défense : le meurtre en temps de guerre, le châtiment judiciaire ou la révolution. En revanche, un mal légitime et authentiquement positif ne se peut concevoir. S'il faut certainement éviter de verser dans la violence, sa négativité n'est pas systématique à la différence du mal par essence nuisible.

En substance, *l'agressivité est censée mener à la violence, laquelle doit conduire au mal.* L'acte violent représente un moyen terme entre la comédie de l'agressivité et la tragédie de l'action mauvaise, mais chacune de ces notions peut se rendre indépendante des autres. Ces distinctions établies, une question s'impose : la violence étant une figure déraisonnable, peut-on raisonner la violence, la ramener à la raison ? La violence est-elle la rupture de la logique, l'irrationalité pure, ou bien cherche-t-elle d'aventure à raisonner ? Est-il cohérent de voir dans la raison et la violence deux adversaires irréductibles ?

La raison face à la violence

Il est d'usage courant d'opposer strictement la violence et la raison, et c'est aussi là un classique du champ philo-

sophique. La violence est haine de la raison, misologie appliquée, militante, en tant que la raison peut être présentée comme
la faculté d'ordonner ses pensées et d'argumenter de façon
purement logique en vue de la connaissance ou de l'action.
Fille des passions et des sentiments, des émotions et des désirs,
la violence dépend de la sensibilité, du cœur, lequel est opposé
à la raison comme la subjectivité à l'objectivité.

Pour Platon, le mal va de pair avec l'*ignorance* : nul n'est
méchant volontairement. Le choix du mal et de la violence
n'est qu'une orientation involontaire et se réduit à une erreur
de raisonnement. Celui qui faute, qui agit violemment, présente seulement un déficit de savoir, non de bonne volonté ni
de moralité : il suffirait de lui expliquer le vrai parti à prendre
pour qu'il le reconnaisse et change immédiatement d'attitude.
Platon pense que l'âme des hommes ne demande qu'à être
réorientée vers le Bien, attendu qu'elle en a gardé un souvenir
immémorial. Il convient alors de réveiller cette réminiscence
par une connaissance appropriée. Platon ne conçoit pas que
l'on connaisse le bon parti et que l'on opte contradictoirement
pour le mauvais car, dans sa pensée, il y a équivalence du vrai
et du bien. L'homme cruel est avant tout quelqu'un qui se
trompe et qui a besoin d'être éduqué. Toute faute morale se
résout en erreur logique. On est loin de la vision moderne,
laquelle a pris acte du divorce entre la connaissance et l'action.

Il est vrai que la raison est à bien des égards la meilleure
arme pour lutter contre la violence : c'est en raisonnant celui
dont la furie monte que l'on pourrait le mieux empêcher la
survenue de la violence. C'est par un traité raisonnable issu de
tractations diplomatiques que deux pays parviennent à éviter
une guerre. Pour Éric Weil, la parole représente « le procédé
humain par excellence pour mener la lutte contre la

violence » [1]. Mais la décision de penser, de préférer la raison à la déraison et à la violence, n'est ni plus ni moins qu'une opinion, un point de vue impossible à fonder. On ne peut légitimer le fondement : tout raisonnement présuppose la croyance que la raison est une valeur. Nul ne peut démontrer que la démonstration est préférable, sauf à tomber dans un cercle. Pour autant, selon Weil, la philosophie comprend la question de la violence, elle l'inclut et la porte en elle ; tandis que la violence ne comprend pas (étymologiquement parlant : ne prend pas avec elle) le discours philosophique en ce qu'elle est refus systématique de philosopher : « La violence est un problème pour la philosophie, la philosophie n'en est pas un pour la violence, qui se rit du philosophe » [2]. Ainsi, l'option de la raison est fondamentalement supérieure à celle de la violence : « Le discours absolument cohérent a donc raison dans la mesure où le refus absolu du discours n'est possible qu'*en connaissance de cause* » [3]. Mais le discours peut-il abolir la violence ? En effet, si elle s'avère seulement acciden-telle, elle doit pouvoir disparaître ; mais si elle est essentielle, elle est définitive puisqu'elle constituerait un cadre de la condition humaine, une structure de l'existence.

À bien y regarder, le déchaînement d'une irrationalité pure ne suffit pas à définir la violence. Il est commode de rejeter tout entière la violence du côté de la folie et de l'absurdité. Nous ne savons que trop qu'il existe une violence calculée, technicisée, rationnelle (et non pas raisonnable), et fruit d'une méthode froidement préparée. Certes, la violence diffère de la raison, mais pas en tant que contraire absolu. La violence

1. É. Weil, *Logique de la philosophie*, Paris, Vrin, 1985, p. 40.
2. *Ibid.*, p. 58.
3. *Ibid.*, p. 61.

instrumentalise la raison, elle en fait un outil à son service et ne se confond pas toujours avec l'élan débridé d'un fou furieux. Se reposant rarement sur le refus pur et dur de la raison, le violent sait adopter parfois une démarche aussi rigoureuse que le non-violent. Par contre, la folie de la fin contraste volontiers avec la rationalisation des moyens : la finalité permet presque invariablement de distinguer la violence de l'activité raisonnable.

La violence est donc *a priori* un acte de folie, une conduite en partie insensée, dont la raison a été bannie. Selon l'opinion commune, la folie est la perte de la raison, la déraison. Cependant, la folie n'est pas nécessairement le pur et simple contraire de la raison, mais la restriction de la raison à une dimension unique, la perte de multiples approches de la réalité. Le fou est habité par une idée fixe : par exemple, pour l'aliéné qui se prend pour Napoléon – prenons un cliché –, la chambre commune est un campement militaire, son lit est son cheval de bataille, les infirmiers sont ses fantassins, le jardin où il se promène à heures fixes est identifié à l'étendue des territoires à conquérir ou aux champs de bataille de Wagram et d'Iéna. La folie s'apparente à l'univocité du réel, à la suppression de sa polysémie. Le fou, du moins dans le délire d'interprétation, a effondré des pans entiers de la réalité et n'a pas à proprement parler *perdu* la raison : il l'utilise désormais *dans une seule direction* en proposant une interprétation appauvrie des situations et des choses. Le réel obéit à la logique obsessionnelle d'un sens unique qui en balaye tous les éléments. C'est l'expérience-limite de réduction de la raison à une seule interprétation du monde et à un seul champ d'action ; et non, contrairement à l'opinion commune, le bannissement ou l'élimination de l'activité rationnelle. Au contraire, être rationnel ou raisonnable, c'est être capable de *faire varier les perspec-*

tives en les articulant de manière cohérente. C'est par exemple pouvoir considérer une église sous plusieurs rapports : comme un lieu sacré où l'on prie en silence ; comme un lieu historique, témoin d'événements passés ; comme une œuvre d'art, un ouvrage architectural à considérer dans sa dimension esthétique ; comme un édifice solide répondant ou non aux normes de sécurité techniques. En un mot, employer sa raison, c'est être susceptible de vectoriser diversement les éléments de la réalité. La propriété fondamentale de la raison consiste en la variabilité des façons d'envisager la réalité.

Analogiquement au fou, le violent limite la raison à une seule translation de signification. La violence est unilatérale comme la folie et rejoint le fanatisme : le fanatique enrégimente tout sous un seul point de vue et nourrit dogmatiquement une conception du monde intolérante par rapport au droit à la différence, conception qu'il assène partout en refusant tout compromis avec d'autres approches. Pour le religieux obtus, l'église susdite est un lieu de culte, et rien d'autre, toute vue alternative étant blasphématoire. Le fanatisme, terrorisme intellectuel, fusion de la folie et de la violence, est le contraire de l'ouverture d'esprit et du doute, structures à part entière de l'activité rationnelle. À la limite, le terrorisme réel, sanglant, est la conséquence pratique et peu surprenante de cet état de fermeture d'esprit, qui cherche à imposer ses vues à tout prix. Diamétralement opposées sur d'autres points, la violence et la folie reposent sur la même platitude axiologique. Les figures de la violence se résument à des opérations de *simplification* des problèmes par le vide, à des *refus de la complexité*. En tant qu'affirmation simpliste, la violence est réductionniste. L'homme en colère qui s'énerve et passe à la brutalité est un individu qui renonce à défendre son point de vue à l'aide d'arguments et ambitionne à présent de l'imposer par la force.

Si son propos était complexe, le violent chercherait à s'expliquer, il ferait donc usage de sa raison et renoncerait à la violence ! Le violent passe idéologiquement d'une multitude de sens à un seul sens.

Dès lors, comment détourner l'homme de la violence ? De toute évidence, l'éducation, la formation du citoyen jouent un rôle crucial. Apprendre, c'est prendre conscience de la multiformité du monde, c'est comprendre que les faits sociaux sont polymorphes, qu'ils ont plusieurs sens et plusieurs formes. Se lier au savoir, c'est reconnaître d'avance que l'existence ne va pas de soi, que la vérité n'est pas de l'ordre de l'évidence. Le meilleur moyen de contrecarrer la violence est donc d'affirmer et de restituer la diversité des dimensions du réel. Une autre conception est possible : la violence cherche parfois à réfléchir, se surprend à raisonner. Par ruse ou avec sincérité, elle échappe alors à la simplification des problèmes. Le pire avec la violence est qu'elle puisse se mettre à décliner des concepts, à déployer des raisonnements, à développer des thèses, bref à devenir *intelligente*. Si elle n'était servie que par des bêtes brutes, il serait moins malaisé de la terrasser ; mais elle a ses idéologues, ses bureaucrates, ses essayistes. À être elle aussi capable d'argumenter et de défendre ses points de vue, elle donne du fil à retordre à la raison. Dans ce conflit, le drame est que la raison n'est pas tout entière du côté du combat contre la violence et détient en elle-même les conditions de sa propre traîtrise. Par conséquent, il ne suffit pas de dire de la théorisation de la violence qu'elle est immorale ou inhumaine, il faut encore démontrer qu'elle est *fausse*. C'est ce que Hitler, Staline ou Mao nous auront appris, tous trois ayant écrit et théorisé. Se défendre contre la brutalité de la violence est insuffisant : il importe de s'opposer à sa capacité à élaborer des discours cohérents (mais faux ou sophistiques) et à ses ratiocinations. Ainsi, il s'écrit des ouvrages pour réfuter le racisme – comme le *Race et histoire* de Lévi-Strauss –, la seule condamnation morale ne suffisant pas. Lutter activement contre la violence demande de se battre contre sa rationalité.

Il en résulte un second paradoxe, corrélatif du premier : *la violence pousse la raison à raisonner*. Voilà donc la raison poussée dans ses derniers retranchements, obligée qu'elle est de se justifier. Elle se trouve menacée jusque dans son domaine et se voit contrainte de produire un discours démonstratif de légitimation. Sa nature même est sans cesse mise en jeu par les audaces de la violence, la condition de possibilité de son usage est traquée et remise en cause par son contraire.

Mais l'effectuation de la violence contient un élément d'*indétermination*. Dans la tragédie de Shakespeare, Macbeth est forcé après son régicide de tuer le témoin du meurtre et est aspiré par l'engrenage du mal. Spirale fatale, ce faux-pas illustre l'absence de maîtrise humaine de la violence. La logique interne de son action perd Macbeth plus sûrement que sa cruauté. Être violent exige d'accepter sa propre imprévisibilité et celle de l'autre, mais aussi celle de l'action. Pour y sombrer, l'individu consent d'avance à ne plus être le sujet de son action, à démissionner de son statut de conscience libre. Très dissemblablement, un acte raisonnable est un acte prévisible, sur lequel autrui peut *anticiper*. Il n'a souvent qu'une forme possible et qu'un seul ton : l'exposé calme et lucide. Or, nous ne nous attendons pas à la violence et y sommes rarement préparés. Acte surprenant, sa forme est donc variable. Quand on me salue, la seule façon de respecter autrui est de lui rendre son salut, si possible aimablement. En revanche, je peux lui faire violence d'une infinité de façons. C'est pareil pour le bien et le mal : si quelqu'un se noie, il n'y a qu'une manière de prendre le parti du bien, c'est de l'aider à sortir de l'eau, tandis que je peux mal agir de fort diverses manières : passer avec indifférence, me moquer de cette personne, aggraver sa situation, etc. De même, la vérité (connue ou pas) est unique par essence alors que l'erreur est multiple : il y a toujours plusieurs manières de se tromper. *Le négatif est pluriel, le positif est singulier.* Le violent est du côté de l'imagination. Par exemple, il n'y a qu'une seule bonne réponse à un exercice de maths (même s'il y a plusieurs raisonnements corrects) mais une infinité d'erreurs possibles ; la bonne orthographe est unique mais les fautes d'orthographe sont innombrables. La non-violence est fade comme le bien et le devoir est banal comme une évidence. L'homme de bien ne peut être original puisqu'il fait ce qu'il a à faire. C'est de là que provient sans doute notre fascination pour le mal et la violence, même si nous optons pour le respect dû aux autres.

Après avoir interrogé la notion de violence en général, efforçons-nous de détailler les enjeux de la violence individuelle *dans l'action*. Passons de la théorie à la pratique. Au fond, que vise l'individu violent ?

LES MÉCANISMES DE LA VIOLENCE INDIVIDUELLE

La temporalité de la violence

Lorsqu'elle est grossière, la violence est le *refus du temps*. Par exemple, le violeur exclut de passer par les intermédiaires de la séduction ; la déclaration de guerre survient quand un État renonce à user plus longtemps des longues médiations du jeu diplomatique. Frapper, c'est cesser de parler et de convaincre, c'est chercher à gagner du temps. Ce *passage à l'instant* qu'est la violence équivaut à une absence de temps ou au temps réduit à sa plus simple expression. Restreinte à la seule dimension du présent, l'existence subit une diminution temporelle. Le violent croit que prendre son temps, c'est perdre du temps. Agir violemment, c'est attribuer à l'attente un caractère inacceptable. Obsédée par l'urgence et l'imminence, la violence compulsive est l'impatience en acte. Selon Sartre, être violent revient à vivre dans l'instant : « la violence est le choix de vivre à court terme »[1]. L'improvisation permanente de la violence individuelle est aux antipodes de la prévoyance du non-violent. Pour le violent, l'anticipation sur l'avenir est impensable car le futur n'existe pas, étant un perpétuel présent. Il ne se projette pas si loin et n'a le temps de rien : pas le temps de négocier, de dialoguer, de comprendre, de se lier, d'économiser de l'argent ni d'épargner ses forces. Ce rapport au temps implique un refus du report de la satisfaction des désirs, *a fortiori* de son annulation, et un rejet du fantasme : tout est possible, il faut prendre ses désirs pour des réalités. Adepte de la facilité, le violent désorganisé exige sans délai l'accomplissement de tous ses souhaits, et ses conduites « attestent l'échec de toutes les disciplines personnelles »[2] ; il ne sait pas se dire non, étant le principe de plaisir personnifié et détaché de tout principe de réalité. En le forçant à se battre, le violent entraîne le non-violent dans une temporalité insupportable, étrangère à lui. En répliquant, celui qui se défend cherche à rétablir les délais de la vie sociale et la cadence ordinaire du monde.

Contraire relatif de la raison du point de vue du temps, la violence est *le négatif de la pensée*, car la rationalité discursive s'épanouit par principe dans la durée : pour penser, il faut disposer de temps, de loisir. Le raisonnement nécessite une

1. J.-P. Sartre, *Cahiers pour une morale* (1948), Paris, Gallimard, 1983, p. 188.

2. G. Gusdorf, *La vertu de force*, Paris, PUF, 1957, p. 81.

méthode, des étapes, des hésitations, des impasses, des contradictions, des démonstrations. La pensée n'est pas principalement une affaire d'intuition ni d'évidence. Si l'on entend par intuition une opération de compréhension qui atteint directement son objet sans passer par des phases préliminaires, alors intuitionner revient à deviner plutôt que penser. Une partie importante de la culture de nos sociétés (notamment télévisuelle : zapping, quiz, spots de publicité, clips vidéo saccadés) incline plutôt à deviner qu'à s'interroger, à surprendre qu'à comprendre. Cette culture de l'instantanéité empêche la concentration et pousse à consommer sans réfléchir. Peut-être la violence de notre société est-elle en partie entretenue par ce refus de la durée ?

Toutefois, peut-on distinguer une violence immédiate et rapide d'une violence progressive et lente ? Toute violence est-elle nécessairement soudaine ? Il est clair qu'elle apparaît d'abord comme le défoulement impétueux d'une force coercitive, et l'on a sans doute raison de la caractériser sur le mode impulsif ; mais il existe aussi des figures de la violence à la lente implantation. Il est donc possible d'opposer une violence réfléchie à une violence spontanée. Sur le plan des circonstances atténuantes ou aggravantes, la différence pénale est nette entre le crime froidement prémédité et le crime pulsionnel dû à une crise ; d'un côté le crime rationnel et objectivement mené, de l'autre le crime passionnel et affectivement vécu. Cette distinction en rejoint une autre, qui met en balance une violence informée et organisée (par ex. les réseaux terroristes, les mafias) et une violence informelle et improvisée. La première est structurelle et intégrée, la seconde est conjoncturelle et sporadique. La violence la plus désastreuse est sans doute celle qui prend corps dans des institutions et se développe dans des hiérarchies. Mais n'oublions pas que la violence est aussi l'incarnation d'un désir.

Désir de reconnaissance et désir mimétique

Le désir de reconnaissance n'a pas le sens moral du remerciement ni d'une quête de la renommée : son sens, psychologique et phénoménologique, correspond au désir d'être posé comme une liberté, d'être estimé comme un sujet. Chaque individu aspire à ce que les autres s'aperçoivent de son existence et la leur rappelle à la moindre occasion. Le désir de reconnaissance constitue la trame de l'activité des hommes, que ce soit en politique, dans l'art, la science ou le vécu quotidien. Tous les sujets sont engagés de façon originaire dans cette quête de la reconnaissance qui les pousse à l'action. Dans cette optique, la violence est un moyen d'expression permettant de se sentir exister davantage aux yeux d'autrui : l'homme violent est un homme sans qualités.

Dans sa « dialectique de la maîtrise de la servitude »[1], Hegel soutient que la violence est au cœur des relations entre les consciences et participe à leur individualisation. Le rapport à autrui n'est pas une affaire de douceur ni de fraternité mais d'hostilité. S'affirmer soi-même implique de mener une lutte sans merci, laquelle s'avère inévitable car chacun tend à ne pas tenir compte de la volonté d'autrui lorsqu'il cherche à être reconnu. Toutefois, sans cette lutte, nulle communauté n'est possible, elle se forme après avoir dépassé en la conservant cette confrontation violente. Il faut dire que pour Hegel, l'homme n'a ni nature sociale ni sociabilité spontanée.

---

1. G.W.F. Hegel, *Encyclopédie des sciences philosophiques en abrégé* (1830), trad. fr. M. de Gandillac, Paris, Gallimard, 1990, p. 390-392.

Seule une autre conscience, elle-même désirante, pouvant permettre à la conscience de s'affirmer totalement, ce n'est pas à travers les objets que la conscience prend consistance, qu'elle consiste en quelque chose, mais dans la rencontre d'autres consciences. Désirer un objet amène à le détruire (comme dans la consommation), mais, même intact, l'objet ne peut répondre de nous. Nous ne pouvons pas nous contenter non plus de vivre avec la seule image que nous entretenons de nous ; nous éprouvons l'irrépressible besoin de passer de la « certitude subjective » à la « vérité objective ». Chacun veut vérifier dans l'extériorité les certitudes intérieures qu'il a sur lui-même. Tant qu'elles sont des pensées, elles demeurent des affirmations abstraites, chacun y inscrit tout ce qu'il veut. L'autre est d'abord l'occasion d'un autre discours sur moi que le mien et peut m'apporter la vérité tant cherchée. L'altérité est un moment constitutif de l'identité. Contrairement à la solitude (voire au solipsisme) du *cogito* cartésien, nul ne se saisit comme sujet sans la médiation d'un autre sujet. La conscience devient réflexive lorsqu'elle met fin à son utopique indépendance. Le processus de reconnaissance n'est pas purement théorique mais passe au contraire par l'action. Il importe que je puisse m'approprier les jugements des autres et me projeter en eux. J'exige qu'autrui soit un miroir pour moi : au fond, je n'attends qu'une confirmation de mon point de vue. Ainsi, la réciprocité n'est pas recherchée, car elle se réduirait à un échange de bons procédés : chacun veut être reconnu par autrui *sans le reconnaître à son tour*, ce qui engendre la lutte pour la reconnaissance : « Chaque conscience poursuit la mort de l'autre ». L'affrontement des consciences entre elles pour s'accomplir comme sujet vient de ce que l'autre est considéré comme un faire-valoir, un être aliéné et réifié, un instrument servile de la conscience de soi. La suppression physique de l'autre n'est pas une solution, car l'image qu'autrui a de moi serait perdue.

Devient alors le maître celui qui se fait reconnaître comme capable de surpasser les autres par un exploit. Le combat ou défi a pour but de désigner le nouveau chef, celui qui ira le plus loin dans le risque de la mort en la préférant audacieusement à une vie d'aliénation et de non-reconnaissance. Par corrélation, devient esclave celui qui a trop peur de la mort et capitule en choisissant la vie plutôt que la liberté. Celui qui méprise la vie gagne la maîtrise[1]. Ayant abandonné la lutte, l'esclave renonce dorénavant à être reconnu. Conscience aliénée, il en est resté à l'instinct de conservation. Le maître est reconnu par la conscience esclave sans la reconnaître, et détient ainsi la vérité de l'autre, qui est à son service.

Toutefois, ce rapport de domination connaît un retournement : le maître tombe dans l'oisiveté et l'incompétence technique, alors que l'esclave est « passé maître » dans l'art de dominer techniquement la nature. En ce sens, l'esclave est le maître du maître, sa vérité, tandis que le maître devient symétriquement l'esclave de l'esclave[2]. Le maître ne connaît que le

1. Dans le film *La fureur de vivre*, réalisé par N. Ray en 1955, une scène célèbre illustre bien ce trait : James Dean, nouvel arrivant dans une ville, est défié par le chef jaloux d'une bande d'adolescents. Il s'agit de sauter le plus tard possible d'une voiture fonçant vers un précipice. Il est implicite que le vainqueur de ce défi sera intronisé chef.

2. La nouvelle de Tolstoï *Maître et serviteur* est une illustration de la dialectique du maître et de l'esclave : lors d'une terrible tempête de neige, le maître s'obstine absurdement à vouloir décider de la direction du traîneau, alors que le serviteur connaît la route du retour. Le rapport de commandement à obéissance devrait s'inverser. Or, effet tragique de cette erreur, le maître meurt en se couchant sur le serviteur pour le réchauffer, et ce dernier survit. Il se sacrifie en comprenant que la vérité se tient dans le respect de l'autre.

vide de son intérêt et de son plaisir. L'esclave, lui, affronte la matière et manie l'outil, transformant ainsi le donné et s'accomplissant dans le travail. La maîtrise est une impasse car elle en reste au désir particulier, et c'est dans la servitude que s'ébauche la notion d'humanité.

Sartre, dans *L'être et le néant*, s'est lui aussi inspiré des analyses hégéliennes en alléguant que le conflit est le sens originel des « relations concrètes avec autrui ». Les individus se rapportent les uns aux autres sur un mode profondément conflictuel. Dans *Huis clos*, les trois personnages (Garcin, Estelle, Inès) sont enfermés dans un lieu qui figure symboliquement l'enfer, l'au-delà, et ne peuvent se suicider puisqu'elles sont déjà mortes. Ce n'est que par la lutte que le sujet gagne son droit à sortir de la lutte. Une conscience qui abandonne la lutte est une proie faible, une victime toute désignée. À un moment, Garcin veut s'isoler et, justement, les attaques des deux femmes redoublent d'intensité et sont plus violentes que jamais. C'est là l'illustration dramatique du « conflit des consciences » : « L'enfer, c'est les Autres ». La présence d'autrui est une perpétuelle aliénation, une privation permanente de liberté. Même l'amour – tentative de capturer la liberté de l'autre et son point de vue sur nous – est traversé par une violence irréductible. Aimer, c'est « vouloir être aimé », sans gratuité ni générosité, sans recherche de réciprocité ni don de soi.

Dans ces thèses, la violence est la conséquence nécessaire du désir de reconnaissance qui habite et structure les sujets dans leur quête de soi. Mais toute lutte pour l'être passe par la lutte pour l'avoir : ces deux points cardinaux de la métaphysique sont difficiles à dissocier totalement.

Dans la *Critique de la raison dialectique*, Sartre défend une autre idée : les hommes se battent depuis toujours parce que les biens sont en nombre insuffisant, ce qui provoque une âpre concurrence des besoins et des désirs. L'humanité vit sous le régime général de la rareté des biens, cause fondamentale de la violence : « *il n'y en a pas assez pour tout le monde* » répète Sartre. Le manque (ou la peur de manquer) pousse au combat, et nous entrons en conflit pour survivre. En imprégnant la vie sociale et l'histoire, ce facteur suscite l'inhumanité en l'homme. Pourtant, il manque peut-être à cette théorie un élément de taille, la réponse à la question : au-delà de leur rareté, pourquoi désirons-nous des objets similaires et nous battons-nous pour eux ? C'est parce que l'homme désire par imitation, le désir reposant sur une structure mimétique : l'objet enviable doit être déjà convoité par un tiers pour susciter un intérêt. On ne désire une chose que parce qu'autrui l'a déjà valorisée auparavant. Peu auraient l'idée de s'intéresser à un objet délaissé par tous, et plus un objet est valorisé, plus nous sommes poussés à le vouloir. Tout désir est désir du désir de l'autre. Le désir isolé et autonome est rare.

Conséquence incontournable : la violence provient de la *concurrence des désirs portant sur des objets semblables* et résulte du *plaisir ressenti à rivaliser avec autrui et à le priver des biens en question*. L'improbabilité d'un désir vraiment personnel, forgé sans plagiat, mène à un paradoxe : c'est ici la ressemblance et non la différence qui fait des hommes des ennemis. Dans plusieurs de ses œuvres, René Girard nomme ce processus le « désir mimétique » ou « triangulaire » : un tiers s'interpose toujours entre le sujet désirant et l'objet désiré, même imaginairement, tel Don Quichotte s'inspirant des romans de chevalerie pour mener ses aventures. Loin du narcissisme, le désir mimétique suppose une faible estime de soi ainsi qu'une fadeur décevante de l'objet élu. Ce qui compte, c'est la rivalité entretenue par rapport à l'autre : *la violence est plus importante que l'objet qu'elle permet d'obtenir*, pur prétexte pour entrer dans une relation de compétition. Le modèle devient un rival, puis un ennemi juré, les protagonistes tombent dans une logique de surenchère. En somme, les hommes s'attaquent pour s'arracher des biens raréfiés, mais aussi des biens jalousés, pour avoir et faire comme les autres. À ce stade, nous passons peu à peu de la violence intersubjective à celle des individus au sein d'un groupe.

Le cercle vicieux

Restons avec Girard, pour lequel la religion et l'ordre social sont fondés originellement sur la violence. Dans l'ouvrage éponyme, la violence et le sacré sont intimement liés. L'auteur s'y interroge sur l'origine de la société, de la cohésion communautaire. Or, à ouvrir sur le mouvement perpétuel de la vengeance, la violence initie selon lui un cercle vicieux, mécanisme particulièrement dévastateur. En effet, la violence vengeresse obéit à une logique infinie : tu as tué mon frère, donc je te tue ; mais à son tour ton frère va me tuer, etc. *Il y a toujours quelqu'un à venger* et la violence est comme un microbe qui se propage de proche en proche, avec la rapidité et la dangerosité d'une grave épidémie. Il n'y a aucune raison objective que ce cycle s'arrête, justement à cause de la violence issue du désir mimétique. La vengeance ouvre sur des représailles interminables, rarement sur une réplique unique. Par une authentique contamination, toute violence engendre une nouvelle violence, et ainsi à l'infini ; d'où le risque que la vengeance ne provoque « une véritable réaction en chaîne aux conséquences rapidement fatales dans une société de dimension réduite. La multiplication des représailles met en jeu l'existence même de la société »[1]. Elle doit donc faire l'objet « d'un interdit très strict » : ce dernier est promulgué et défendu par l'autorité de la société ou de la tribu en question. Le pouvoir prononce « le dernier mot de la violence »[2] et limite l'enchaînement de la violence à une seule et unique réponse pour éviter l'implosion de la société : « Après moi, personne ne se venge ! » proclame symboliquement le pouvoir. Le droit de réplique est ainsi confisqué à tous les membres de la communauté. L'autorité qui centralise les pouvoirs s'octroie sans partage le droit de punir et le recours à la force, ce qui a fait dire à Weber que l'État détient seul le « monopole de la violence physique légitime »[3]. Tandis que le règne de la vengeance privée conduit à un processus inextinguible, la vengeance publique connaît un essor fini. La vengeance du corps social met un terme à l'activité effrénée des individus violents.

Quel est le moyen de l'efficacité de cette confiscation officielle de la violence ? Le sacrifice d'un bouc émissaire. Qu'il soit coupable ou innocent n'est pas décisif, comme dans ces sacrifices d'hommes chez les Aztèques du Mexique ou ces sacrifices d'animaux des premiers siècles chrétiens : ce rite sacrificiel est une opération cathartique efficiente. La loi de la violence coordonne une action dont la matière est contingente et la forme nécessaire. Il faut dépenser une importante quantité d'énergie négative, peu importe comment. La polarisation des germes de dissension sur l'homme exécuté est purificatrice : la victime éliminée, les conflits larvés disparaissent avec elle.

1. R. Girard, *La violence et le sacré*, Paris, Grasset, 1972, p. 28.

2. *Ibid.*, p. 44.

3. M. Weber, *Le savant et le politique* (1919), trad. fr. J. Freund, Paris, Plon, 1959, p. 100-101.

Ce schéma est valable aussi pour le lynchage ou la vindicte populaire (tel l'épisode des femmes rasées à la Libération), et vaut aussi psychologiquement : calomnier, dire du mal de quelqu'un, c'est le « sacrifier » en se délivrant d'un poids. La violence ne doit surtout pas rester *sans objet*. Comme le dit Girard, il faut qu'elle ait « quelque chose à se mettre sous la dent »[1], qu'on lui fournisse un aliment. Il s'agit de tromper l'exubérance de la violence en l'orientant vers des victimes de rechange. Le meurtre primitif de Jésus, promue victime émissaire, est un exemple de ce mécanisme universel. Cette exécution a la valeur expiatoire d'un rachat.

Dans les sociétés développées, la violence punitive occupe la place du rite et du sacrifice. À l'image du sacrifice, le système judiciaire des sociétés modernes fait cesser d'autorité la vengeance : « on ne peut pas se passer de la violence pour mettre fin à la violence »[2]. Le principe de la justice diffère peu du principe de la vengeance, mais le premier s'autolégitime et sait s'arrêter. Punir revient à répéter la violence sous une autre forme, en dissimulant cette stratégie imitative. Le châtiment est un mal nécessaire. Ce que semble oublier Girard, c'est que la justice moderne cherche en principe le vrai coupable, et non un succédané cathartique. Quoi qu'il en soit, ce geste est à l'origine de toutes les sociétés humaines : ainsi que le montrait déjà Freud dans *Totem et tabou*, toute communauté repose sur le souvenir d'un meurtre primitif, et se refonde régulièrement sur un nouveau meurtre. Si nécessaire, le groupe substitue un bouc émissaire au coupable inconnu. Ce mécanisme inaugural ne cimente pas uniquement les tribus archaïques mais toute

---

1. R. Girard, *op. cit.*, p. 14.
2. *Ibid.*, p. 44.

civilisation en général. Rite constitutif du social, cette violence fondatrice n'est pas purement destructrice.

Le paradoxe de la justice et du sacrifice est que l'on soigne le mal par le mal. Pour Girard, ces opérations sont des vaccins, car la vengeance est un virus. On inocule une dose infinitésimale de mal pour éviter une cascade interminable de maux, une maladie sociale calamiteuse. De la sorte, l'ensemble social se ressoude autour de la punition du coupable. Dans nos sociétés modernes, le châtiment judiciaire resserre les rangs. Ce processus de resolidarisation restaure la cohésion sociale et morale, un instant mise en doute et en cause. La pénalité judiciaire détourne les pulsions d'agressivité et assouvit la haine grâce à un exutoire idéal.

La transgression de l'interdit

Il reste à élucider le rapport primordial de la violence à la position de l'interdit. En un sens, le violent est plus libre que le non-violent dans la mesure où *il peut faire tout ce qu'il veut*. Alors que les codes de la politesse restreignent l'action, il y a une quantité faramineuse de manières de manquer de respect à autrui. La violence amène l'*élargissement des possibles*. Le non-violent a moins de marge de manœuvre que le violent. Dans cet ordre d'idées, le tortionnaire est doublement effrayant pour le supplicié, en ce qu'il va le tourmenter, et aussi en ce que sa victime ignore quels sévices exacts il va subir. Un nombre infini (ou indéfini) de douleurs sont envisageables ; il peut en inventer de nouvelles, d'originales, si bien que le corps humain est un lieu d'innombrables souffrances possibles. La violence réclame de l'*imagination* et ouvre sur le vertige de la *liberté absolue*, tandis que le devoir exige un certain conformisme et réduit la palette des choix : je fais ce que j'ai à faire, dans le respect attendu d'autrui.

Selon Sade, loin d'être inoffensive et de promouvoir la vie, la nature pousse au crime : en tuant un autre homme, l'individu facilite les processus naturels qui fonctionnent par création et destruction, par naissance et mort. Plus encore, les personnages sadiens jouissent davantage à proportion de la manière cruelle et magistrale avec laquelle ils bafouent les interdits humains élémentaires, comme l'intégrité du corps : c'est l'interdit qui stimule à leurs yeux le plaisir de la violence.

Chez Bataille, les interdits sont d'abord structurants car, chargés de repousser les élans tumultueux et impétueux de la violence, ils fondent une stabilité intérieure permettant seule l'activité de la conscience et de la raison. Pour les mêmes raisons, le travail est le contraire de la violence dans la mesure où il exige un effort prolongé qui se situe aux antipodes du mouvement violent spontané. Cependant, c'est l'interdit qui, en posant une limite éthique et en définissant un acte comme inacceptable et repoussant, permet et stimule la transgression correspondante, laquelle, sans l'interdit proprement dit, ne se serait jamais produite : « l'action prohibée prend un sens qu'elle n'avait pas avant qu'une terreur nous en éloignant ne l'entourât d'un halo de gloire »[1] déclare Bataille. C'est l'interdit qui rend possible et motive tout à la fois le désir de dépassement. Il n'en reste pas moins que cette salutaire transgression de l'interdit suit une ritualisation codifiée et sacrée : les peuples ne bafouent pas leurs règles n'importe comment ni n'importe quand. Les violations officielles sont soumises à un protocole strict. Ainsi, les violences de la fête ou du sacrifice dans les sociétés archaïques, et même de la guerre dans toutes les sociétés, sont des mises en scène de la transgression d'un

---

1. G. Bataille, *L'érotisme* (1957), Paris, Minuit, 1985, p. 55.

interdit; elles constituent des entorses exceptionnelles à un tabou scrupuleusement respecté en dehors de ces violations ponctuelles. Dans certaines peuplades, en dehors du sacrifice animal ou humain lors du rituel festif, le tabou du meurtre demeure total. La désobéissance elle-même est codifiée! D'ailleurs, le tabou est d'autant plus respecté qu'il a été occasionnellement levé par le jeu, l'art ou la religion : il en ressort paradoxalement grandi et renforcé. Dans ce cadre, Bataille prend les exemples du meurtre, du cannibalisme, de la guerre, du duel ou de la chasse. Cette dernière est une violence transgressive du fait que, les hommes ne se sentant pas supérieurs aux animaux, le meurtre de ces derniers était vu comme une faute nécessitant une expiation. Toutes ces pratiques transgressives, liées à des « dépenses improductives », à une consumation sans profit, témoignent d'un rapport trouble et ambivalent au sacré, lequel effraie et attire à la fois comme la mort. La violence de l'érotisme, apparentée à celle de la mort, signale l'aspiration fondamentale de la discontinuité individuelle – nous différons tous les uns des autres et sommes extérieurs les uns aux autres, sans fusion possible – à se faire continuité impersonnelle, celle-ci n'étant cependant accessible qu'avec la mort, dépersonnalisation absolue s'il en est. Plus simplement, dans la reproduction, l'individu meurt au profit de la survie de l'espèce et de son épanouissement. Plaisir et douleur se rejoignent dans la même expérience intérieure, l'amour et la mort se côtoient. De fait, la mort est la violence suprême, à la fois physique et métaphysique, objet d'une sainte terreur et d'une solennelle fascination. La putréfaction est un désordre biologique assimilé à une violence sourde et terriblement efficace : le pourrissement du cadavre est porteur « d'une violence qui non seulement détruit un homme, mais qui détruira tous les hommes »[1]. De ce fait, l'inhumation du cadavre dans les peuples ancestraux n'est pas en premier lieu une opération destinée à l'ôter à la prédation animale; elle est interprétée par Bataille comme un moyen d'endiguer cette violence et de se préserver de la menace d'une contamination. Le mort est enseveli, il n'est plus sur la terre, et la violence qui l'a défiguré et décomposé ne peut plus agir sur les hommes, à la surface : « Le mort est un danger pour ceux qui restent : s'ils doivent l'enfouir, c'est moins pour le mettre à l'abri, que pour se mettre eux-mêmes à l'abri de cette "contagion" »[2].

Le couple inséparable de l'interdit et de la transgression (par exemple, du mariage et de la prostitution) est au service de l'ordre social. Toute violence est donc le dépassement d'une règle fondamentale, mais elle ne la met nullement en péril. À l'image du mouvement infini et aveugle de la vie qui aboutit à une généreuse et onéreuse dépense d'énergie, la violence participe à l'économie globale de la réalité et de l'existence. Si elle était si redoutable, il y a longtemps que l'homme aurait disparu ou qu'il aurait cessé d'y recourir : elle fait donc partie de la condition humaine.

Et la violence n'est possible qu'avec la complicité de la force : les hommes violents comptent et s'appuient sur leur force, sur la puissance du groupe; sinon, ils s'abstiendraient de cette fougueuse frénésie. Canetti estime qu'une propriété majeure de la masse est la prolifération, la propension euphorique à s'élargir à un nombre toujours plus grand de personnes, ce qu'il appelle la *masse ouverte* – par opposition à la *masse fermée*, circonscrite, stable, et privilégiant l'intensité

1. G. Bataille, *op. cit.*, p. 50.
2. *Ibid.*, p. 53.

par rapport à la densité, telle une secte. Par une sorte de fuite en avant quantitative, la masse ouverte, « formation instable »[1], s'imagine que, plus elle accroît sa taille, plus elle augmente ses chances d'éviter sa décadence. Or, lorsqu'un crime est commis, plus la masse est étendue, plus le sentiment d'impunité s'épanouit : l'adhésion massive de participants à une action violente est un paramètre décisif qui octroie à chacun une autojustification aisée[2]. Quand une nuée d'hommes commettent la même action, chacun est renforcé dans son choix par la présence des autres et devient certain d'avoir raison : autant d'hommes réunis au même endroit pour une fin similaire ne peuvent pas se tromper[3] ! La masse violente, dans sa « rage destructrice »[4], veut d'abord frapper fort en faisant du bruit. Sa violence doit s'entendre, si bien que Canetti explique avec éloquence que « le fracas est l'applaudissement des choses »[5]. Le bruit de la destruction sonne comme la confirmation de la justesse des fins. La matière approuve, et cela s'entend... Ce vacarme inaugural (vitres brisées, maisons brûlées, objets cassés) répercute comme un écho la destruction furieuse des objets de l'ennemi, lesquels sont tous appréhendés comme des limites dont il faut se dégager et qui gênent sa croissance : « À la masse

---

1. E. Canetti, *Masse et puissance* (1960), Paris, Gallimard, 2006, p. 13.

2. Cet alibi est souvent invoqué dans les affaires de viols collectifs, les sinistres « tournantes » : l'individu n'a pas douté de lui parce qu'il n'était pas tout seul à agir.

3. Cette certitude a permis au XIXᵉ aux USA la loi de Lynch, laquelle permettait à un groupe surprenant un homme en flagrant délit de l'exécuter séance tenante, sans autre forme de procès. D'où le mot lynchage pour désigner cette procédure sommaire.

4. E. Canetti, *Masse et puissance*, *op. cit.*, p. 16.

5. *Ibid.*

nue tout semble une bastille »[1]. Bien que Canetti distingue
clairement la masse de la meute (groupe plus petit, « unité
d'action »[2] régulière comme à la chasse, à la fois ancêtre et
embryon de la masse), il parle aussi d'une « masse ameutée »[3],
formation éphémère tendue vers un but meurtrier et qui se
dissout dans la foulée, sa seule raison d'être résidant dans la
cruelle immolation d'une victime offerte pieds et poings liés.
Cette vindicte populaire, forme la plus aveugle de la complicité, prouve que « la grande majorité des hommes ne saurait
résister à un meurtre sans danger »[4] et que, dans cette optique,
ils n'hésitent pas à former des masses spontanées et mortes-
nées. Le crime est absous lorsqu'il a une dimension collective :
« Personne n'est délégué comme exécuteur, c'est toute la
communauté qui tue »[5]. Le groupe violent s'octroie un
pouvoir absolu qui chasse la mauvaise conscience.

Une fois éclairée cette piste de la norme et de l'interdiction,
quels autres facteurs de la violence individuelle conduisent à la
violence collective ? Passons du terrain moral au domaine
politique.

LE PROBLÈME DE LA VIOLENCE POLITIQUE

Contre-violence et non-violence, démocratie et tolérance

La violence peut-elle mettre fin à la violence ou bien la
non-violence est-elle la seule position tenable ? Il paraît cohé-

---

1. E. Canetti, *Masse et puissance*, *op. cit.*, p. 17.
2. *Ibid.*, p. 99.
3. *Ibid.*, p. 48 *sq.*
4. *Ibid.*, p. 49.
5. *Ibid.*, p. 50.

rent de soutenir que la *contre-violence* est l'unique violence moralement acceptable, comme la guerre de libération ou la légitime défense. Toute violence justifiable est une violence seconde, qui fait suite à une violence première ou à la rigueur anticipe sur elle. Pour autant, la contre-violence immodérée équivaut à la violence qu'elle combat, aggrave la situation au lieu de la résoudre, et n'apparaît que comme une violence supplémentaire. Du coup, elle légitime la violence primitive : le pouvoir justifie par ses abus la violence, pourtant injuste, qu'il réprime. La contre-violence est à tempérer, comme le stipule l'article du *Code pénal* relatif à la légitime défense[1] selon lequel la réponse doit être proportionnelle à l'attaque. L'agression n'est pas l'occasion d'un enchérissement. Dans le film de Stanley Kubrick, *Orange mécanique* (1971, tiré du roman d'Anthony Burgess écrit en 1962), le personnage principal, Alex, est soumis à un brutal conditionnement – véritable lavage de cerveau – pour annihiler en lui, par de terribles douleurs psychologiques et physiques, le goût de la violence. Alex retrouve finalement son penchant pour elle, exacerbé au passage par les frustrations subies. La tentative radicale de débarrasser l'homme ultra-violent de sa violence équivaut à son tour à une nouvelle violence. Une contre-violence extrême est une incitation à la violence. Une violence admissible s'oppose à une violence précédente mais tout en combattant pour l'éradication de la violence – pour un monde sans violence. Deux conditions sont à observer : d'une part, la contre-violence est légitime lorsque le recours à la raison et au dialogue est insuffisant ou impossible, et quand la menace n'a pas dissuadé l'agresseur. Ainsi, un policier ou un soldat n'ont

---

1. Loi du 22 juillet 1992.

pas le droit de tirer sans sommation sauf en cas de danger. D'autre part, elle est défendable lorsque la violence a eu lieu ou va inévitablement survenir et non lorsqu'elle est seulement possible. Cela établi, la non-violence n'est-elle pas préférable à la contre-violence ? Gandhi est le principal théoricien contemporain de la non-violence : pour lui, tout recours à la violence, *sans exception*, se présente comme irrecevable. Dans cette logique du tout ou rien, aucun pacte avec la violence n'est admissible, ni demi-mesure : être un peu violent, c'est déjà l'être *absolument*. Issue d'un amour universel d'autrui sans distinction de personne, la non-violence (*ahimsa*) consiste en une résistance passive, mais, sur un autre plan, active : s'appuyant sur les forces mentales et la volonté, elle est une victoire sur soi. Gandhi est convaincu que ce comportement n'est pas réservé à une élite supérieure, tout homme en étant capable, et que chacun y trouverait son épanouissement fondamental et la vérité profonde de sa nature. Cette « religion » s'adresse au commun des hommes et non aux héros. Cela étant, la lâcheté ôte toute portée à la non-violence ; la crainte de la violence n'est pas une excuse pour l'inaction ni le refuge de la couardise. Celui qui ne réplique pas à la violence par peur de la mort ou de la blessure n'a nul mérite : ce n'est pas *pour les bonnes raisons* qu'il y renonce. Selon Gandhi, la pratique de la non-violence nécessite un réel courage : loin d'être une manœuvre de résignation ni une capitulation, elle est un engagement ferme et décidé.

Bien avant le Mahatma, les religions ont formulé des principes de non-violence qui ont fait date. Quoi que l'on pense du christianisme, les objurgations christiques relatives à l'abandon de toute réplique vengeresse, au pardon, au devoir de tendre la joue droite à l'ennemi après la gauche, peuvent s'entendre comme une courageuse tentative de sortir enfin du cercle infernal de la violence, de briser son élan infini. Prophètes ou imposteurs, peu importe ici : des hommes de bonne volonté ont refusé de céder comme tous les autres à la haine ou au désir de revanche en montrant l'exemple de la maîtrise de soi. Répétons-le, la violence est la *solution de facilité* : il est plus difficile d'être non-violent que d'être violent. La non-violence est un bel idéal et se prononce comme le vœu secret de tout citoyen sincèrement démocrate, puisque même la révolution vise à la disparition finale de la violence. Mais cette fin sublime admet des limites. Bien que seule position cohérente pour refuser la violence, cette attitude méritoire ne peut pas, hélas, être conservée indéfiniment et obstinément, envers et contre tout, pour deux raisons.

– De fait, la non-violence est assez inefficace : le recours à la violence est souvent nécessaire pour faire cesser la violence injuste, même si cette démarche est en soi contradictoire en ce qu'elle affirme à la fois la négativité de la violence et sa vertu instrumentale. Le fascisme ne pouvait pas être vaincu avec de bons sentiments. Quand la violence redouble, le non-violent se résout à la violence, avec le risque de tomber dans la surenchère ou d'entretenir en la confirmant la violence de l'ennemi.

– Une objection morale est plus grave encore : être non-violent jusqu'au bout revient à ne pas secourir les victimes et à se faire malgré soi le complice des bourreaux. Cette conduite principielle verse en fin de compte dans la non-assistance à personne en danger. Ne pas répliquer, c'est laisser faire et donc cautionner indirectement. Du pacifisme théorisé d'Alain lors de la Grande Guerre à l'utopie hippie, synonyme de désengagement social et de retrait – voire de retraite –, cette désimplication toujours problématique a été accusée de pactiser involontairement avec les criminels en leur laissant les mains libres.

Ce problème mène à un autre, plus vaste, celui des rapports entre la démocratie et la tolérance entendue comme l'attitude qui consiste à admettre chez autrui une manière de penser et d'agir différente de celle que l'on adopte soi-même : comment la démocratie par définition tolérante – si l'on accepte de la définir comme un système politique qui se fonde sur la reconnaissance des droits et des libertés des hommes et donc sur l'acceptation tolérante de leurs différences – peut-elle sans renier ses principes lutter contre la violence sous toutes ses formes ? L'intolérance est-elle tolérable ? Doit-on accorder la liberté aux ennemis de la liberté ? En principe, la démocratie répugne à user de la violence et recourt à elle à contrecœur et en dernière instance. La violence de riposte ternit l'idéal démocratique de pluralité ; mais le pluralisme n'implique pas d'abriter des formations politiques qui reposent notoirement sur la violence et la haine. Il importe, au nom même de la préservation des libertés fondamentales, de limiter la liberté : ce paradoxe gênant et fâcheux structure l'action du pouvoir et se situe au cœur de toutes les problématiques politiques. La démocratie produit son propre poison, elle couve aujourd'hui le monstre qui la mordra demain. Admettre toutes les attitudes de la liberté relèverait d'une naïveté dangereuse. La démocratie peut se suicider par négligence et humanisme mièvre. La cause de sa fragilité est que ses modes de fonctionnement (libertés multiples, réduction du contrôle et de la surveillance, recherche de l'autonomie des citoyens) fournissent les conditions de son rejet, de sa remise en question sanglante. Sa force constitue aussi sa faiblesse. Au lieu d'être violente, une démocratie doit être forte sous peine de disparaître. Pour s'inspirer de Pascal parlant de la justice, on pourrait dire : que la démocratie soit forte ; que la force soit démocratique.

Toutes les formes de discours que tient la violence idéologique ne sont donc pas acceptables dans une démocratie sous prétexte que celle-ci protège les libertés individuelles. Par exemple, la loi stipule que le racisme n'est pas une opinion mais est déjà de l'ordre du délit. Le problème de l'inaliénable liberté d'expression ne se pose donc pas pour certaines catégories de discours haineux, même s'ils ne sont que potentiellement virulents. Ainsi, les incitations directes à la haine raciale et à la violence gratuite peuvent être bannies purement et simplement des sociétés démocratiques. On mesure aisément à cette aune la naïveté du slogan de mai 68 : « Il est interdit d'interdire ». Certes, la réduction des interdictions est un objectif, mais quelques limites demeurent indispensables au fonctionnement cohérent de l'organisation politique. Sur le plan de la tolérance, il existe un seuil de saturation au-delà duquel un système politique représentatif ne saurait s'aventurer sans risque. Par voie de conséquence, c'est peu respecter la démocratie que de la vouloir infinie, c'est au contraire la maltraiter, l'abandonner. Par contre, c'est l'aimer vraiment que de la parsemer raisonnablement mais soigneusement d'interdits ; c'est authentiquement la servir que de la désirer relative. La démocratie peut bannir sans état d'âme les conduites antidémocratiques ; et ce n'est pas parce qu'un acte est effectué librement qu'il est pleinement justifié. Elle n'a pas à être absolue mais maximale ou, mieux, optimale.

D'autres modes de fonctionnement de la démocratie méritent d'être analysés. Pour ne pas céder à la violence, notre modernité a inventé la *ritualisation des conflits* : il s'agit, sans minimiser le désaccord, de métamorphoser la violence en démonstration de force pacifique. Grèves, manifestations, *sittings*, occupations des locaux, *boycotts*, affichages, pétitions, routes paralysées, sont lisibles comme de véritables rites institutionnalisés, avec leurs règles explicites ou symboliques. Grâce à ces alternatives codifiées à un affrontement violent, les contestataires dévoilent leur nombre et leur cohésion. En se faisant entendre, des manifestants cherchent à révéler ce paramètre : « Voyez comme nous sommes nombreux et unis ! », avec l'intention claire de ne pas employer la violence, mais tout en insinuant symboliquement qu'ils le pourraient ! Le jeu politique a trouvé des *substituts* à la violence spontanée des foules revendicatives. Celle-ci se ritualise, soit lorsque le passage à la violence n'est pas à l'ordre du jour, soit lorsque les capacités de destruction mutuelle se sont excessivement développées.

La question des démêlés de la démocratie avec la violence ne saurait être réglée sans aborder le problème de la violence judiciaire. Dans quelle mesure la justice a-t-elle le droit de se servir de la violence pour mettre fin à la violence ? Qu'en est-il de l'efficacité de la punition judiciaire ?

De l'élimination à l'incarcération

Il existe un rapport problématique entre la justice et la violence, l'institution judiciaire se servant de la violence alors qu'elle est censée y mettre fin exemplairement. Ce problème de la coercition judiciaire se pose avec une terrible acuité dans le cas de la peine de mort – qui n'est pas partout abolie, loin de là – et en général aussi pour le droit de punir et l'essence de la sanction judiciaire, toute condamnation étant une aliénation infligée à un homme. Avec son *Des délits et des peines*, Beccaria (1738-1794) inaugura une révolution dans la pensée juridique. Malgré l'unanimité des hommes de son époque défendant la valeur dissuasive de l'exécution capitale, Beccaria contesta cet impact : ce n'est pas la cruauté du châtiment qui exerce un effet dissuasif sur le fautif, c'est sa *certitude*. C'est parce qu'il est sûr de l'application systématique de la peine – et non de son caractère terrible – que le criminel en a peur. Il est inutile de mettre au point des châtiments dégradants et cruels, incluant de longues souffrances et des séances de torture. Cette critique est la première faille dans l'établissement de l'exécution capitale et repose sur le principe humaniste du châtiment minimal efficace : l'effet dissuasif recherché sur les populations est obtenu *en violentant le moins possible le coupable*. Nous pouvons reconnaître ici le principe qui, pour Leibniz, gouverne la nature : un minimum de petites causes produit un maximum de grands effets.

Les arguments contre la peine de mort ne manquent pas. L'un des plus évidents est que, loin d'être dissuasive et effrayante, le criminel ne pense pas à elle dans la furie du crime, lequel est souvent le résultat d'une crise. Également, la peine capitale, misanthrope, désespère de l'humain. On ne change pas les individus, irréversiblement violents : il ne reste plus qu'à se débarrasser d'eux et de leur mal incurable. Enfin, faire écho à la violence du criminel, même inouïe, c'est devenir criminel à son tour, avec la seule différence, fort ténue, qui sépare l'officiel de l'officieux. Cet argument permet aussi de critiquer la notion de justice privée ou personnelle (vindicte populaire, lynchage, vengeance, action de « faire sa justice soi-même ») qui est une contradiction dans les termes, la justice étant une institution publique et une sentence rendue au nom de tous, non à titre privé. Marquant la différence entre la punition et la vengeance, Hegel explique que la mise en œuvre de la justice vengeresse « constitue à son tour une nouvelle offense » [1] et, envenimant la situation au lieu de la résoudre, n'est sentie que «comme une conduite individuelle». Le fait qu'une vengeance puisse être «méritée» (au sens de la loi du Talion biblique : «Œil pour œil, dent pour dent») ne calme nullement les esprits, dont la furie revancharde cesse lorsqu'une institution statutaire rend la justice, même si le verdict est inique.

Mais la violence judiciaire a une histoire, dont Foucault, dans *Surveiller et punir*, a remarquablement relaté les trois étapes.

– L'exécution capitale, jusqu'au XVIIIe, a consisté en une véritable «fête punitive». Devant une foule, le corps du supplicié était littéralement disloqué et éparpillé sur la place publique. L'intensité et la durée de la souffrance infligée étaient proportionnelles à la gravité du crime. Forfait infini et inexpiable, la tentative de régicide de Damiens donna lieu à la mise en scène du «surpouvoir» du roi pour le montrer, le démontrer et le restaurer, par le démembrement vivant du coupable et l'acharnement sur son anatomie.

– Avec la guillotine (fin XVIIIe), il ne s'agit plus de faire éclater le corps du condamné, de le disperser, mais au contraire de l'exécuter «proprement», instantanément et *incognito*, au petit matin, dans l'enceinte de la prison, sans public ni publicité. Ce mode de châtiment a pour fonction de paraître aussi «abstrait» que la loi. En fait, sous couvert d'une apparente humanisation des peines et d'une sorte de «pudeur», l'institution judiciaire dissimule mal sa honte à procéder à l'élimination des hommes. La clandestinité de cette exécution, expédiée

---

1. G.W.F. Hegel, *Propédeutique philosophique* (1809-1811), trad. fr. M. de Gandillac, Paris, Minuit, 1963, 1er cours, § 21, p. 53.

à la va-vite et sans témoins, la fait ressembler à un assassinat de plus. La justice n'est plus fière de tuer pour combattre le crime. Cette mauvaise conscience ou culpabilisation d'un organe politique qui s'essouffle est le prélude évident à l'abolition effective de la peine de mort, qui a perdu toute signification. Cette procédure obsolète est désormais injustifiable.

– Puis vint la systématisation de l'enfermement carcéral. Loin de correspondre à un adoucissement des mœurs, la prison comme réponse unique à tous les crimes et délits est un changement de stratégie requis par la modification de la société entière. La nouvelle finalité est le contrôle et la discipline de la société. Tout en reconnaissant aux individus leur statut de personne, il est question de les neutraliser, de les avoir à l'œil, de les enrégimenter et de les compartimenter en répartissant les corps dans l'espace de façon panoptique :

> un ensemble de procédures pour quadriller, contrôler, mesurer, dresser les individus, les rendre à la fois dociles et utiles. Surveillance, exercices, manœuvres, notations, rangs et places, classements, examens, enregistrements, toute une manière d'assujettir les corps, de maîtriser les multiplicités humaines et de manipuler les forces, s'est développée au cours des siècles classiques, dans les hôpitaux, à l'armée, dans les écoles, les collèges ou les ateliers : la discipline [1].

La société de surveillance forme le sous-sol archéologique de l'emprisonnement disciplinaire. Le droit de punir n'est plus une violence légale mais l'octroi d'un droit d'aliéner : la justice moderne fonctionne sur l'économie de la violence et lui substitue un réseau efficace de règlements et de gestes prévus.

---

1. M. Foucault, *Surveiller et punir. Naissance de la prison* (1975), Paris, Gallimard, 1989, 4e de couverture.

Cette planification sophistiquée est destinée à s'assurer de la soumission des citoyens. Punir revient à surveiller. Reste le pari moderne de la justice : permettre sans violence une sortie de la violence et punir sans violenter. Ce n'est pas du tout la fin que se proposent les figures de la contestation.

Les peuples entre servitude volontaire et violence contestataire

Avant la contestation, c'est la soumission qui nous questionne. Dès le XVIᵉ, La Boétie[1] s'indigna contre le fait qu'une majorité d'hommes se laissent tyranniser par un seul sans résister ni contester. Or, le rapport de force est nettement en faveur de la population. Si l'obéissance à la force ou à un chef charismatique est concevable, une troisième forme est incompréhensible : l'obéissance de milliers d'hommes à un chef lâche et cruel, sans réelle puissance ni aura. Cela ne laisse pas d'apparaître à l'auteur comme une monstrueuse anomalie. Comment une horde d'hommes peut-elle acquiescer à sa propre subordination et se laisser museler par un seul homme, qui plus est pleutre et sans envergure ? Pourquoi cette aliénation politique est-elle si fréquente dans l'histoire ? Plus largement, au nom de quoi l'homme naturellement libre consent-il à son esclavage ? Le fait qu'un million d'hommes se laissent sans réagir assujettir par un homme isolé ne s'explique pas par la lâcheté. Tout se passe comme si les sujets asservis se complaisaient dans leur servitude puisqu'ils ne font rien pour refuser le joug. S'ils ne la rejettent pas, c'est qu'ils l'acceptent ! L'ami de Montaigne déplore que le peuple, par une paradoxale

---

1. La Boétie, *Discours de la servitude volontaire* (1553), Paris, Flammarion, 1983.

capitulation, « se coupe la gorge »[1], se rendant par là coupable
de sa lamentable condition. Cette thèse a scandalisé, car l'opinion retient que le tyran domine par la terreur et la menace, et
non par l'entremise d'un quelconque consentement de la
population. Pour l'opinion commune, le peuple est démuni
face au despote et ne peut rien contre l'appesantissement de sa
force supérieure : il n'a donc guère le choix ni la possibilité de
se révolter ou de résister, par crainte des représailles. Ici, le
tyran est décrit comme un être faible et sans grandeur, vulné-
rable, et pourtant cruel et nuisible. Il détient la force et la
souveraineté que le peuple veut bien lui attribuer. Une telle
autorité négative est contradictoire, car cette attribution,
conférée par la nation, nuit à ses intérêts et à son bien-être.
Bien sûr, par ses vices (orgueil, ruse, flatterie, manipulation),
le tyran a aussi sa part de responsabilité, mais le peuple prête
sciemment le flanc à son malheur : il n'y est nullement
contraint par la violence puisque la force est de son côté grâce à
un avantage numérique certain. Certes, la nature de l'homme
le porte vers la liberté, mais une mauvaise éducation et des
habitudes négatives le dénaturent et lui font oublier jusqu'au
goût de l'indépendance. L'auteur vilipende les nations avilies
de leur propre chef et la tendance des peuples à la paresse et à la
passivité. Leur léthargie et leur cécité ont engendré en eux une
accoutumance et une allégeance à l'oppression.

Comment un tyran peut-il se faire obéir d'un peuple entier
malgré sa violence et sa faiblesse ? La fascination du peuple
est une explication insuffisante de cette situation de servilité
librement choisie. Pour justifier cette démission délibérée, La
Boétie décrit la mécanique du pouvoir. La tyrannie est un

---

1. La Boétie, *op. cit.*, p. 136.

réseau complexe de subordination et de complicité, une pyramide à la hiérarchie précise et bien organisée, une structure qui s'élargit à chaque nouvel étage : un en appâte six, qui en tiennent six cent, lesquels en surveillent six mille. Ce subtil montage de dépendances est un habile ajustement de cercles concentriques : chaque étage inférieur, par ambition, a avantage à la pérennité de la tyrannie et se pique de dévotion pour elle. Le principe de base est qu'un petit nombre de personnes garde et force à obéir un très grand nombre de personnes : « Ainsi le tyran asservit les sujets les uns par le moyen des autres »[1]. Le tyran n'est pas si seul qu'on le croit. Isolé à la tête du pouvoir, il a tissé un ensemble de relations si serrées entre ses sujets que la tyrannie résulte mécaniquement de cette interdépendance.

Souvent lu comme un encouragement à la sédition, le libelle de La Boétie dénonce la sujétion des tyrans en tant qu'elle est entérinée par les peuples. Comme plus tard Tocqueville décrivant des citoyens infantilisés, il rend le peuple en partie responsable de son aliénation. Pourtant, ce traité n'est pas un brûlot et n'appelle pas à la violence. Au contraire, il recommande aux peuples de cesser d'obéir, non de se rebeller. Rien qu'en arrêtant de soutenir le tyran, celui-ci tombera de lui-même, son pouvoir ne reposant que sur l'acceptation de tous. Sans appeler au tyrannicide, l'auteur préfère l'arme de la désobéissance civile : pour se libérer, il suffit à ce peuple de ne plus exécuter les ordres et de se détourner du tyran. Il peut mettre le pouvoir à genoux dès qu'il le veut, rien qu'en s'en détournant. L'investiture et la destitution dépendent de la population.

---

1. La Boétie, *op. cit.*, p. 164.

À l'opposé du consentement à l'aliénation se situe la violence contestataire. Sous quels modes les peuples peuvent-ils s'opposer aux abus de pouvoir de l'État? On ne saurait concevoir une réplique plus virulente que la *révolution*. Ce mot vient du latin *revolutus*, révolu, qui achève un cycle (d'où le lien avec, en astronomie, l'orbite d'un astre). Le révolutionnaire juge inconcevable de sauver une partie de la société : c'est en *détruisant tout* que l'on peut reconstruire. L'intolérable aliénation du système qu'il dénonce ne peut être extirpée par fragments. Souvent portées par une vision millénariste, les révolutions croient en l'établissement prochain et définitif d'une société juste, que ce soit par le retour à un âge d'or perdu ou grâce à l'avènement d'un avenir prometteur.

La *révolte* est une insurrection informelle menée au nom du droit naturel contre les égarements du droit positif. Protestations spontanées, émeutes populaires contre la faim ou la pénurie, les révoltes ciblées et dirigées contre des mesures iniques sont des mouvements périodiques, des violences limitées dans l'espace et dans le temps et non porteuses d'un projet de société. Peut-être l'idéal de la révolte est-il de se structurer en révolution; mais chez l'homme rétif à certaines formes d'autorité, cette rébellion est d'abord individuelle, alors que la révolution est par essence collective.

À ces violences massives faut-il préférer la voie de la *réforme*? Le latin *reformare* veut dire revenir à sa première forme. En restaurant, la réforme tient du conservatisme politique, mais réformer a aussi pris le sens d'améliorer. Par une démarche consensuelle, elle vise à l'évitement de la violence. Pour le révolutionnaire, le compromis réformiste est une compromission; mais lorsque le discours révolutionnaire paraît antédiluvien, l'ultra-réformisme, radicalisation du réformisme, vient le relayer utilement. Le réformisme, recherche de la réduction des injustices sociales par les voies sinueuses mais plus sereines de la négociation, est le refus prudent de la révolution. Le réformiste estime que la violence est inutile et sans effet pour résoudre les problèmes majeurs des sociétés, hormis pour renverser une dictature.

Les mécanismes du système totalitaire

Le terme de «totalitarisme», forgé au XXᵉ siècle pour désigner les systèmes nazi et stalinien, désigne un type de domination politique radicalement nouveau et sans égal dans l'histoire, en cela distinct des formes classiques que sont le despotisme, la tyrannie et la dictature. En effet, ces derniers sont des régimes qui gouvernent de manière autoritaire et répressive, en s'en prenant surtout à la liberté sous ses manifestations *extérieures*, notamment aux libertés de mouvement, d'action et d'expression. Il y subsiste un recoin inaliénable dans lequel peut venir s'abriter une altérité discrète et secrète à la condition expresse de se taire : la liberté de pensée, la liberté *intérieure*. Par contre, comme son nom l'indique, l'objectif du totalitarisme est total en ce qu'il prétend diriger jusqu'au cours des pensées individuelles : il se satisfait mal de l'indépendance de la conscience, ne se fait pas à l'idée que la personne se réfugie dans un ailleurs interne, dépolitisé et non tamisé par l'idéologie. Il ne lui suffit pas de vaincre mais de convaincre la volonté de tous les hommes qu'il n'aspire pas à éliminer. La neutralité y est foncièrement indésirable. Être apolitique, rester muet et passif est déjà une révolte. Membre ou ennemi. Si tu n'es pas avec moi, tu es contre moi...

Dans *Le système totalitaire* [1] d'Hannah Arendt, nazisme et stalinisme constituent deux modalités du totalitarisme étroitement apparentées. Pour elle, la tyrannie – pouvoir arbitraire s'il en est – se contente de faire un sort aux opposants et fait cesser sa violence lorsque les derniers résistants sont anéantis. Pour le régime totalitaire, toute personne est une *victime possible*. Le simple fait *d'exister*, d'être au monde, peut déjà être assimilé à une forme d'opposition. La finalité du totalitarisme ne se limite pas à conquérir et conserver le pouvoir en matant toute rébellion : il s'agit de fonder un ordre intégralement soumis aux impérieuses lois de la nature (pour le nazisme et son idéologie de la hiérarchie des races) ou de l'histoire (dans le cas du stalinisme et de sa vision du matérialisme historique). Ce programme implique une domination *universelle*, toute alternative politique existant ailleurs pouvant frapper de relativité le projet totalitaire : voilà pourquoi il aboutit inévitablement à la guerre, étant donnée sa vocation à s'exporter, tandis que la tyrannie ne se porte jamais mieux que lorsqu'elle se maintient en autarcie dans ses frontières, en vase clos, au lieu de se fragiliser par un conflit aléatoire à l'étranger. Le totalitarisme culmine dans le bellicisme alors que la tyrannie se replie frileusement sur elle-même.

À ce sujet, Arendt soulève la problématique traditionnelle, laquelle est peut-être la question fondamentale du XXe siècle : comment des millions d'hommes ont-ils pu se rallier à des idéologies aussi haineuses et barbares ? Étaient-ils tous des criminels en puissance, impatients de passer à l'acte ? Ou cette adhésion massive résulte-t-elle d'une propagande idéologique

---

1. H. Arendt, *Le système totalitaire* (1951), trad. fr. J.-L. Bourget, R. Davreu et P. Lévy, Paris, Seuil, 2002.

terriblement efficace ? Convient-il d'attribuer l'indifférence des masses pour les crimes énormes du parti à une fascination sordide pour la violence et le mal ou alors à une fidélité absolue au mouvement et à la doctrine, sans distance critique ? Ce n'est pas selon Arendt une attirance pour le crime qui a suscité un tel engouement parmi les peuples concernés. Si l'efficience de l'endoctrinement propagandiste n'est guère contestable, le facteur majeur de l'enthousiasme des foules est que le mouvement totalitaire a redonné à tous une *identité*, celle-ci ayant été profondément entamée par les crises politiques, sociales et économiques du début du siècle. Le soutien aveugle ne repose pas sur un idéalisme – car cette confiance eut été brisée par les échecs –, mais sur une identification sans faille au mouvement allant jusqu'au sacrifice de soi. Sans ce titre de membre, l'individu perd sa raison d'être et le sens de son existence sociale. Il ne peut plus concevoir de revenir en arrière, d'être ramené comme avant à sa seule réalité personnelle, superflue et inutile, à son statut d'individu isolé devant tracer sa propre voie et trouver ses valeurs solitairement[1]. Du coup, la nation est prête à tout accepter du parti, l'horreur et la terreur, et ne peut plus être déçue par lui puisqu'elle a intériorisé le « mépris totalitaire pour les faits et la réalité »[2].

Le parti totalitaire procède à un recrutement intensif parmi les masses, cette majorité d'hommes indécis à la fois exclus du jeu politique et indifférents à lui, tout en mettant fin aux liens solidaires autres que l'attachement au parti et à toute

---

1. Bien d'autres interprétations, qu'Arendt ne reprend pas, ont été données de ce mystère de l'adhésion. Par exemple, une lecture psychanalytique consiste à expliquer la soumission absolue au chef par le besoin inconscient d'un Père (le guide, le « petit père des peuples »), résultat d'une infantilisation des peuples.

2. H. Arendt, *Le système totalitaire*, *op. cit.*, p. 21.

focalisation sur des intérêts communs, notamment ceux de classe. La classe laisse ainsi place à la masse. Coupés de leurs relations antérieures, les individus atomisés et provisoirement dépolitisés ne sont plus réunis que par un vif désir d'ordre et d'anonymat, une « soif de cohérence »[1], que seule une organisation hiérarchisée et disciplinée peut leur fournir. Sans expérience démocratique, méfiants envers le débat et les institutions, ils sont peu regardants sur les exactions commises – actes de violence dans lesquels ils voient moins un scandale que les signes d'un discours politique nouveau et sans équivalent par sa franchise et ses méthodes. Du coup, ces masses connaissent un déficit brutal de l'attachement à l'existence. Le Bon soulignait déjà en 1895 ce mépris de l'instinct de conservation le plus élémentaire dont est capable une foule manipulée et le rejet impulsif et crédule de son intérêt : « Si la foule est capable de meurtre, d'incendie et de toutes sortes de crimes, elle l'est également d'actes de sacrifice et de désintéressement beaucoup plus élevés que ceux dont est susceptible l'individu isolé »[2]. Si les foules du sociologue français en développent une forme fédératrice de moralité qui s'épanouit dans l'abnégation et le dévouement, les masses désœuvrées et haineuses décrites par la philosophe allemande s'enhardissent jusqu'à défier le bon sens.

Arendt ne manque pas de rendre compte de l'activité pragmatique de la propagande. Grâce à elle, les mensonges les plus grossiers (comme la réécriture de l'histoire par Staline « omettant » Trotsky) sont acceptés par les foules du fait de leur rabâchage systématique. Le succès de la propagande

1. H. Arendt, *Le système totalitaire*, *op. cit.*, p. 109.
2. G. Le Bon, *Psychologie des foules* (1895), Paris, PUF, 1995, p. 29-30.

totalitaire tient dans le fait qu'elle parvient à normaliser et banaliser son discours et à *tout politiser*, à redéfinir tous les faits et gestes quotidiens des hommes d'une société, à mettre au point « l'organisation de la texture entière de la vie conformément à une idéologie »[1] : dans ces conditions, la critiquer, c'est *tout critiquer*, c'est récuser tous les aspects de la vie sociale et se remettre soi-même en cause. De plus, sa prétendue scientificité fascine parce que le chef, invoquant son infaillibilité due à sa connaissance de l'avenir, fait en réalité accomplir ses propres intentions. Arendt prend l'exemple de Staline définissant « prophétiquement » les déviationnistes de « classes moribondes »[2] : leur extermination ultérieure peut alors prendre cette prédiction pour « alibi rétrospectif »[3] ! Ou Hitler, jouant au visionnaire clairvoyant des événements futurs dont il a en fait décidé : les Juifs vont nous pousser à entrer en guerre... « Dès lors, il devient aussi absurde de discuter la vérité des prédictions d'un dictateur totalitaire que de se disputer avec un meurtrier en puissance pour savoir si sa future victime est morte ou vivante – puisqu'en la tuant, le meurtrier peut promptement fournir une preuve de la véracité de ses dires »[4]. La violence du pouvoir politique permet de fabriquer les faits sur commande et de plier la réalité aux fantasmes (un monde sans capitalistes ou sans juifs).

Si la violence totalitaire est programmatique, le programme n'est jamais réalisé, ni même réalisable. Le système totalitaire n'a pas de fin, aux deux sens du terme, ni terme prévisible ni finalité ultime : « quant à l'objectif politique qui constituerait

---

1. H. Arendt, *Le système totalitaire*, *op. cit.*, p. 125.
2. *Ibid.*, p. 104.
3. *Ibid.*
4. *Ibid.*, p. 104-105.

la fin du mouvement, il n'existe tout simplement pas »[1]. Il n'en a jamais terminé avec les impératifs de la domination, car d'autres surviennent régulièrement; et il ne s'arrête jamais sur ses acquis pour se reposer de sa haine et de sa violence, pour jouir enfin d'une grande victoire. Après le 3e plan quinquennal, le 4e, puis le 5e... Après l'extermination des Juifs, Hitler avait programmé celle des Slaves, puis d'autres... Il voulait ensuite purifier totalement le « sang » allemand : « le monstre commence à dévorer ses propres enfants »[2]. Après avoir tant massacré, une telle structure irrationnelle ne peut que devenir *autophage*. Le but étant l'hégémonie illimitée, on comprend que ce projet n'a aucun terme représentable. Sa fuite en avant suicidaire débouche logiquement sur la guerre totale et sur l'autodestruction.

La guerre comme paroxysme de la violence

Diamétralement opposée au déferlement déréglé d'une violence instantanée et intempestive, la guerre est une violence structurée, coordonnée, centralisée. Apogée de la violence, la guerre a néanmoins une histoire. À la guerre codifiée (incluant un « droit des gens », c'est-à-dire un droit des peuples pendant les conflits), traversée par les notions d'honneur et de courage, a succédé au XXe siècle la guerre totale et mondiale, laquelle a à son tour laissé place à la guerre « humanitaire » officiellement chargée de faire cesser un génocide, une invasion, une dictature, une famine, ou une guerre civile, assortie de soi-disant « frappes chirurgicales » au scalpel (comme dans la doctrine états-unienne du « zéro mort », prônant la destruc-

1. H. Arendt, *Le système totalitaire*, *op. cit.*, p. 69.
2. *Ibid.*, p. 40.

tion matérielle par bombardement intensif). Le conflit armé
fut recodifié au XX⁰ siècle par plusieurs conventions (La Haye,
Genève sur les prisonniers de guerre) et intégré au droit inter-
national, si bien que *la guerre juste est défensive*, même indirectement, et que *la guerre injuste est offensive* (distinction
déjà opérée en son temps par Saint-Augustin dans *La Cité de
Dieu*).

Échafaudant la théorie de la guerre qu'on nommera plus
tard totale, Clausewitz écrivait déjà : « La guerre est un acte de
violence, et il n'y a pas de limite à la manifestation de cette
violence »[1]. Pour obtenir un résultat prompt, la mobilisation
doit être entière et l'offensive intensive. L'esprit chevale-
resque devient catastrophique pour la victoire, d'où la destruction impitoyable des forces ennemies. Loin d'être une dernière
extrémité, la violence guerrière est, par une célèbre formule, la
« continuation de la politique par d'autres moyens », ce qui
veut dire que la guerre n'est pas une fin en soi (la guerre pour la
guerre), mais, sans cynisme aucun, un moyen parmi d'autres
au service de fins politiques et non pas militaires ; elle n'est pas
l'arrêt de la politique mais en est une médiation. Bien que tout
le monde sache que ce fléau est « un mal de la plus haute
gravité », Tavaglione note qu'on ne parle pas d'un *pogrom*
juste ni d'un massacre juste, mais, par une étonnante ambiguïté morale, que l'expression de *guerre juste* a un sens[2]. Bien
qu'à définir comme un déferlement de violence collective
dans lequel sont suspendues les prohibitions usuelles concernant le meurtre, le vol ou l'irrespect du corps d'autrui, bien

1. K. von Clausewitz, *De la guerre* (1832), trad. fr. D. Naville, Paris,
Minuit, 1955, p. 53.
2. N. Tavaglione, *Le dilemme du soldat. Guerre juste et prohibition du
meurtre*, Genève, Labor et Fides, 2005, p. 51.

qu'intrinsèquement immorale, la guerre peut être conçue comme juste et justifiable lorsqu'elle adopte la forme d'une guerre de défense, de résistance ou de libération. Prémunie contre tout bellicisme, l'éthique de la guerre n'admet, pour une nation, que le motif de la nécessité vitale. Or, cette valeur de la guerre est instrumentalisée puisqu'elle devient parfois le prétexte à une invasion illégitime. Par contraste avec la guerre *préemptive* menée *in extremis* contre une menace considérée seulement comme *imminente*, la guerre *préventive* est menée contre une menace considérée comme *potentielle*. La différence est abyssale : le risque est grand d'entreprendre une agression injuste, à partir de vagues soupçons, pour empêcher par avance un conflit qui, précisément, n'aurait pas eu lieu sans ladite prévention !

La guerre moderne ne se peut comprendre sans interroger le rôle de la *dissuasion nucléaire*. La prolifération des armes de destruction massive rend-elle la guerre impossible ? Peut-on dire rétrospectivement que la guerre froide était une paix chaude, à l'abri de la catastrophe ? Le pays qui déclencherait le premier des hostilités majeures se verrait aussitôt rayé de la carte. L'arme absolue de la bombe atomique nivelle les puissances et égalise les enjeux. Le paradoxe de la guerre atomique est que ce summum de la violence possible peut aboutir à son dépassement dialectique.

A contrario, lorsque le rapport de force est disparate, on parle alors d'une guerre *asymétrique*, laquelle ne manque pas d'engendrer souvent du *terrorisme* (ou la *guérilla*). Lorsqu'un conflit met aux prises un pays puissant et un pays faible, voire un pays et une organisation (un groupuscule), ces derniers évitent souvent un face-à-face inégal et dévastateur. Le terrorisme est la tactique du pauvre et l'arme de celui qui n'a pas d'armée. Comme il se doit, l'envahisseur qualifie les résistants

de terroristes ou de saboteurs, comme durant l'occupation
nazie. Qu'est-ce qui distingue le terrorisme de la résistance ?
Pour commencer, comme dans le cas du 11 septembre, les terroristes agissent sur le territoire des autres, tandis que les résistants combattent chez eux. De plus, un résistant est soutenu par
la majorité du peuple, même silencieuse : sans cet accord, son
action est illégitime. Au contraire, le terroriste a besoin de
l'hostilité de la population puisqu'il souhaite la terroriser, la
frapper psychologiquement pour la déstabiliser. Il s'attaque à
des civils, tandis que le partisan vise l'armée adverse et son
organisation matérielle. Il y a terrorisme et non résistance
lorsque d'autres moyens que la violence, légaux, étaient envisageables. Parler d'un terrorisme écologique ou informatique
est un abus de langage, car aucune violence n'est exercée[1].
Par contre, il existe un terrorisme d'État, comme à Dresde ou
Hiroshima. Quand des soldats détruisent un quartier, c'est du
terrorisme ; quand ils frappent un groupe armé, c'est de la lutte.
Pour le terroriste, la fin justifie les moyens, mais il oublie
comme Machiavel que la cruauté des moyens disqualifie
l'éventuelle légitimité des fins.

De plus en plus, l'arme est une machine, le soldat un
ingénieur, et le champ de bataille a disparu. La systématicité
du bombardement à distance, lequel métamorphose tout lieu
en une surface sans repli et saturé de dangers, où la mort est
partout possible, a agrandi le théâtre des opérations. La tuerie
à distance a vaincu l'espace en surmontant ses contraintes :
pouvant frapper là où je ne suis pas (comme longtemps avec
la catapulte ou le canon), la violence en est décuplée. Dans le
combat à mains nues, chaque assaillant sait que frapper, c'est

1. *Cf.* 1 re partie.

se mettre à découvert, se trouver à distance d'être frappé aussi ; d'où ce rêve immémorial de frapper de loin en allongeant artificiellement son bras. Prenant les exemples du gourdin ou du bâton, Leroi-Gourhan (dans *Le geste et la parole*) conçoit l'arme et l'outil comme des prolongements de l'organe. La violence moderne aspatiale réalise ce vieux fantasme humain de l'action à distance, tel qu'on le trouve dans la magie (figurine percée, malédiction). Or, celui qui tue de ses mains en touchant sa victime fait corps avec son crime et peut difficilement s'en désolidariser[1]. Par contre, celui qui tue de loin, avec un fusil, un canon ou un missile, peut essayer de se donner bonne conscience, voire de se disculper, parce qu'il était éloigné et qu'il a accompli un geste technique. Sofsky écrit que « La mécanisation des armes rend de plus en plus superflue la violence des individus. [...] L'homme a délégué à l'objet fabriqué la violence de son corps »[2]. Sans être un criminel, on peut obéir à une hiérarchie en actionnant une machine de mort. Entre bombarder et égorger, il y a un abîme. La haute technologie appliquée à la guerre occasionne une dilution, voire une dissolution, de la responsabilité, et rend le crime *abstrait*.

Massacres, génocides, camps de la mort

En théorie, la guerre oppose une armée à une autre. En pratique, l'un des belligérants essaie quelquefois de décimer la population civile ou une ethnie particulière. Parfois, les

---

1. Le génocide rwandais de 1994 a été perpétré avec des machettes et des planches à clous, alors que des fusils auraient pu être distribués en grand nombre, afin qu'aucun bourreau ne puisse se départir de ses crimes.

2. W. Sofsky, *Traité de la violence* (1996), trad. fr. B. Lortholary, Paris, Gallimard, 1998, p. 33.

massacres et les pillages systématiques ne suffisent plus : la logique du génocide fait alors son apparition, avec pour paroxysme la sinistre invention contemporaine des camps d'extermination. Assistant au retentissant procès d'Eichmann, Arendt analysa, dans *Eichmann à Jérusalem. Rapport sur la banalité du mal* (1963), la comparution à Jérusalem en 1961 de l'organisateur de la « solution finale ». Elle y expliqua que, contrairement aux attentes de l'opinion publique, le dignitaire nazi n'était pas un criminel sadique et sanguinaire atteint d'un profond déséquilibre mental : loin d'être un cruel tortionnaire, il n'était qu'un pâle fonctionnaire. Sa monstruosité résidait dans sa banalité, sa fadeur accablante, mais surtout dans le zèle et la froideur avec lesquels il avait accompli ce qu'il nomma son devoir. D'une obéissance absolue aux ordres de sa hiérarchie, sans états d'âme ni scrupules de conscience, il ramena méthodiquement la question de la *Shoah* à un problème de logistique, en dehors de toute problématique éthique. Eichmann n'hésita pourtant pas à se réclamer devant ses juges de l'impératif catégorique kantien en le pervertissant. Le mal devient absolu lorsqu'il ne se pose plus comme un mal, lorsqu'il cherche à fuir l'accusation d'immoralité dans l'amoralité. Ni fou ni fanatique, d'un carriérisme affligeant, Eichmann n'apparut pas comme un individu violent : sa barbarie était une affaire de bureaucratie (Arendt le qualifie de « criminel de bureau »). Le monde découvrit un technicien du crime à grande échelle, un « spécialiste »[1]. Ce livre fit scandale et l'on accusa Arendt, entre autres griefs, de vouloir minimiser l'horreur du crime commis en prêtant trop d'humanité à son

---

1. C'est le titre du film de R. Brauman et E. Sivan consacré en 1999 à ce procès.

planificateur. Au contraire, elle montre que la question du mal est réglée à peu de frais si l'on considère tous les bourreaux comme des malades assoiffés de sang ; et d'ailleurs, l'inhumanité d'Eichmann est mieux mise en évidence si l'on comprend qu'il s'interdisait de juger par lui-même, qu'il était au service des purs moyens tout en fuyant la question des fins. Le propre de la conscience est de ne pas devoir se soustraire dans ses actes à l'interrogation sur les fins morales à poursuivre. L'instrumentalisation volontaire dégrade la dignité des bourreaux aussi sûrement que celle des victimes. Arendt pense que tout homme a le devoir de désobéir à des ordres absurdes ou atroces, car « Obéir, c'est soutenir ». Le froid consentement d'Eichmann au projet génocidaire le condamne sans atténuation. De toute façon, il est clair que la psychologie du commanditaire de massacres diffère de celle du SS qui commet des atrocités de ses propres mains : le décideur et l'exécutant, le chef et l'homme de main ne relèvent pas de la même logique du mal et de la violence, et Arendt n'a pas prétendu étudier la personnalité du tueur à la chaîne, du meurtrier invétéré.

Le nazisme a été *inhumain* mais en aucun cas *non-humain* : hélas, la haine radicale est une possibilité de l'homme, et l'ultra-violence est humaine, trop humaine. On n'expliquera pas la volonté exterminatrice en alléguant que les nazis étaient des bêtes féroces. Il n'est pas très flatteur pour les loups de dire que « l'homme est un loup pour l'homme »... Réduire la monstruosité à une perte d'humanité interdit durablement d'en découvrir les sources. La sauvagerie est animale et infra-humaine tandis que la barbarie présuppose la civilisation trahie.

Enfin, ultime extrémité de la violence, les camps d'extermination visent au meurtre intensif et sont aussi des tentatives expérimentales de faire vivre des hommes *sur le mode de la torture permanente*. Le camp concentre les déportés

ainsi que toutes les formes de souffrance. Tout objet dans
le camp est là pour faire souffrir et humilier (baraquements
immondes, nourriture abjecte, vêtements sordides, etc.) et
devient un instrument de sévices dans les mains des bourreaux.
Les expériences menées aux confins de l'humain furent la
destruction de la personnalité, l'abolition du moi obtenue
avant la destruction du corps, et l'élaboration d'un enfer sur
terre où « tout est possible »[1], où nul ne répondra de ce qu'il a
fait. L'objectif de la sur-violence des camps consiste en la
« métamorphose des hommes en cadavres vivants »[2], par le
moyen de l'annihilation de l'unicité individuelle. S'inscrivant
dans un vaste processus d'indifférenciation des individus, le
sens de la tenue humiliante, du crâne rasé, du nombre tatoué,
est l'uniformisation maximale des hommes, la tentative de
réduction de la spontanéité des conduites à des comportements
réactifs, mécaniques et anticipables parce que tous semblables : « Rien donc ne demeure, sinon d'affreuses marionnettes
à face humaine, qui toutes se comportent comme le chien dans
les expériences de Pavlov »[3]. Il s'ensuit une double disparition
concomitante de l'humain : en broyant l'humanité sur le
visage de leurs victimes, les nazis ont détruit toute humanité en
eux aussi. La déshumanisation n'est jamais unilatérale.

L'indicible camp est une *non-société absolue*, une contre-
société, une communauté à l'envers : le crime y prime sur la
loi, le vol y supplante la propriété, les sadiques y dirigent les
hommes responsables, les médecins y tuent au lieu de soigner,
la haine y remplace le lien social, la mort y a plus de valeur que
la vie. Il figure le summum de l'atrocité en ce qu'il assemble et

---

1. D. Rousset, *L'univers concentrationnaire*, Paris, Pavois, 1946, p. 181.
2. H. Arendt, *op. cit.*, p. 267.
3. *Ibid.*, p. 271.

condense la plupart des figures de la violence dans le même
espace et dans le même temps, tout en les infligeant, au
contraire de la guerre ou du combat singulier, à des victimes
sans défense : crime, torture, passage à tabac, humiliation,
mutilation, viol, etc. Certes, il y a toujours eu des massacres
sanguinaires, mais l'invention des camps ressortit au contexte
contemporain de la guerre totale. Comble de la perfidie, on
y fait peu couler le sang, le moins possible, et la chambre à
gaz suivie de la crémation représentent ce fantasme pervers
d'assassinats à la chaîne sans que la mort soit associée au
sang, comme par le seul fait de le vouloir, comme si l'acte de
toucher la victime était une souillure. La « grande installa-
tion d'asphyxie d'Auschwitz »[1] est destinée, pour Kogon, à
donner l'impression aux déportés de n'avoir plus aucun prix,
d'être devenus comme des choses ou des animaux, auxquels
personne ni nulle institution n'accordent désormais la plus
petite importance : « ce n'étaient pas seulement les pénibles
conditions extérieures, mais aussi le facteur moral, cette idée
d'être désormais devenu complètement inutile et sans valeur,
qui jouaient un rôle considérable chez ceux qui tombaient
malades »[2]. La décimation physique était précédée par la
décomposition psychologique. Primo Lévi relate cet épisode
inouï : un nazi, à qui il demandait pourquoi il lui avait interdit
d'étancher sa soif avec un glaçon trouvé sur l'appui d'une
fenêtre, lui rétorqua : « Ici, il n'y a pas de pourquoi »[3]. Chargé
d'instaurer pour les détenus une « atmosphère de folie et

1. E. Kogon, *L'État SS. Le système des camps de concentration allemands*
(1946), Paris, Seuil, 1970, p. 176.

2. *Ibid.*, p. 145.

3. P. Levi, *Si c'est un homme* (1947), trad. fr. M. Schruoffeneger, Paris,
Julliard, 2001, p. 29.

d'irréalité, créée par une apparente absence de but » [1], le camp n'est pas si absurde dans sa finalité : pour Arendt, il ne se contente pas de viser l'extermination de millions d'hommes car il est aussi un champ d'entraînement destiné à transformer des hommes ordinaires – quoique endoctrinés depuis l'enfance – en des criminels insensibilisés et prêts à tout. Comparable aux constructions des psychotiques, la cohérence inflexible de l'idéologie à partir de postulats aberrants y est maintenue sans fléchissement : « si les détenus sont de la vermine, il est logique qu'on doive les tuer avec des gaz toxiques » [2]. Tout comme le totalitarisme mène à la guerre, il construit inéluctablement des camps. Que « l'extermination » s'effectue « par le travail » [3], le gaz, le froid, ou la faim, le camp de la mort et le *goulag* ne sont pas des accidents de l'histoire mais les conséquences fatales des idéologies radicales.

Épilogue : la violence, moteur de l'histoire ?

La violence est-elle le moteur de l'histoire, son axe majeur, son fil directeur, ou un élément parmi d'autres du cours des événements, au même titre par exemple que la paix, le travail ou la religion ? Le cours de l'histoire est-il impulsé par les conflits ? De cette régression chaotique qu'est la violence se dégage-t-il un progrès global ? Il peut paraître choquant, après les chapitres précédents, de se demander si la violence joue le rôle d'un catalyseur des faits historiques. Pourtant, des philo-

---

1. H. Arendt, *op. cit.*, p. 254.
2. *Ibid.*, p. 275.
3. C'est le titre de la 3e partie de *L'Archipel du Goulag* de Soljenitsyne, formé sur le nom officiel des camps russes : « camps de redressement par le travail ».

sophes, et non des moindres, ont frayé cette voie : Kant soutient[1] que « l'insociable sociabilité » qui règne entre les hommes – cette tendance à chercher la compagnie de ses semblables tout en répugnant à se plier aux règles issues de cette fréquentation – finit par susciter un progrès général de l'espèce. La compétition sociale et l'ambition le poussent à travailler et donc à développer ses talents en l'arrachant à sa nature grossière. L'incompatibilité d'humeur est donc fructueuse lorsqu'elle se conjugue avec une volonté de coexistence. Chacun poursuivant ses fins personnelles contribue à la réalisation des fins générales : l'ordre progressif de l'histoire découle paradoxalement du désordre des intérêts individuels égoïstes.

Pour Engels, la violence n'est pas le moteur mais « l'accoucheuse » de l'histoire, « de toute vieille société qui en porte une nouvelle dans ses flancs »[2]. L'action violente ne produit pas à elle seule les changements historiques ; ce sont les conditions économiques et sociales qui réclament à un moment précis le recours à la violence afin de les « accoucher » des transformations dont elles sont porteuses. Chaque société produit la violence dont son économie a besoin, et la forme de cette violence est dictée par les rapports de production : le cuirassé est une « usine flottante », un « spécimen de la grande industrie moderne »[3]. La pratique de la violence ne produit pas magiquement la prospérité ni le progrès social : ce sont ces mutations positives qui *passent* par la violence. Ce sont les

1. E. Kant, *Idée d'une histoire universelle au point de vue cosmopolitique* (1784), trad. fr. J.M. Muglioni, Paris, Bordas, 1993, 4e prop., p. 14-15.

2. F. Engels, *L'anti-Dürhing* (1877), trad. fr. E. Bottigelli, Paris, Éditions Sociales, 1950, p. 216.

3. *Ibid.*, p. 205.

effets de la violence qui occasionnent un progrès, non la violence elle-même.

A priori destructrice, la violence peut conditionnellement se révéler *créatrice*. Dans la résistance à l'oppression ou dans la juste colère contre celui qui dépasse les bornes, elle refuse l'inadmissible et imagine un monde débarrassé de l'aliénation. Praxis dialectique au service de la raison et de la liberté, elle opère le dépassement des contradictions et la négation de la négation en surmontant l'antithèse dans une synthèse positive. Par exemple, les progrès dans le droit découlent souvent d'une violence préalable, comme la *Déclaration des Droits de l'homme et du citoyen* de 1789 qui suivit la Révolution Française ou le code de Napoléon consécutif à ses conquêtes. La loi raisonnable est rarement instaurée directement : elle suit son contraire, s'appuie sur la violence pour mieux la dépasser. Cette thèse s'avère dangereuse si on la généralise : les drames humains passés, présents et à venir seraient nécessaires pour le bonheur des générations futures ! Voilà qui justifierait tous les excès de violence dans l'histoire… Pour éviter de les cautionner, précisons donc : injuste, la violence n'est qu'un *intermédiaire*; juste, elle est une *médiation*. Ne pouvant jamais être une *fin en soi*, elle peut du moins acquérir le digne statut de *moyen*. Par contre, la fécondité de la violence libératrice se change en stérilité quand elle ne sait pas s'arrêter et se métamorphose en rapport au monde. L'ex-victime cède à la tentation de devenir le nouveau bourreau. La violence légitime est éphémère et sans joie : elle se polarise sur une fin à laquelle elle ne survit pas et se localise dans un mouvement qui s'autodétruit une fois la lutte achevée.

TEXTES ET COMMENTAIRES

TEXTE 1

Thomas Hobbes
Léviathan
« De la condition du genre humain à l'état de nature,
concernant sa félicité et sa misère »[1]

La nature a fait les hommes si égaux pour ce qui est des facultés du corps et de l'esprit que, bien qu'il se puisse trouver quelquefois un homme manifestement doté d'un corps plus fort ou d'un esprit plus rapide qu'un autre, il n'en demeure pas moins que, après mûre réflexion, la différence entre cet homme et l'autre n'est pas si considérable que l'un d'eux soit susceptible de revendiquer sur ce point un avantage pour son propre compte auquel l'autre ne pourrait prétendre aussi bien que lui. Pour ce qui est de la force du corps, le plus faible a suffisamment de force pour tuer le plus fort, soit par un

1. *The English Works of Thomas Hobbes of Malmesbury*, London, John Bohn, Henrietta Street, covent Garden Now first collected and edited by sir William Molesworth, Bart, 1839, vol. III, *Leviathan* (1651), The first part, « Of man », chap. XIII, p. 110-116, traduction H. Vautrelle; cf. *Léviathan*, trad. fr. G. Mairet, Paris, Folio, 2000.

stratagème secret, soit par l'alliance avec d'autres qui sont confrontés au même danger que lui [...].

De cette égalité des capacités découle l'égalité dans l'espoir d'accomplir nos desseins. Par voie de conséquence, si deux hommes désirent une même chose dont néanmoins ils ne peuvent pas jouir tous les deux, ils deviennent ennemis et s'efforcent, pour parvenir à leur fin (laquelle consiste principalement en leur propre conservation et quelquefois en leur jouissance seulement) d'éliminer ou de soumettre l'autre. De là vient que, si un agresseur n'a rien de plus à craindre que la puissance personnelle d'un autre homme, si l'un plante, sème, construit ou possède un endroit à sa convenance, on peut s'attendre à ce que d'autres surgissent après avoir uni leurs forces pour le déposséder et le priver, non pas seulement du fruit de son travail, mais aussi de sa vie ou de sa liberté. Et l'agresseur est exposé au même danger de la part d'un autre.

Du fait de cette défiance réciproque, un homme soucieux d'assurer sa sécurité ne dispose pas de moyen plus raisonnable que l'anticipation, ce qui revient à dominer par la force ou la ruse le plus grand nombre d'hommes possible aussi longtemps qu'il ne voit pas d'autre puissance suffisamment grande pour le mettre en danger : et cela n'est rien de plus que ce que sa propre conservation requiert, et est généralement autorisé. De surcroît, étant donné que certains prennent plaisir à contempler leur propre puissance dans les péripéties de la conquête, ils les poursuivent bien plus loin que ce que leur sécurité exige, si bien que les autres, qui en d'autres circonstances se seraient contentés de vivre paisiblement dans de modestes limites, ne seraient pas longtemps capables de survivre en restant seulement sur leur défensive s'ils n'accroissaient pas leur puissance par le moyen de l'invasion. Par conséquent, une telle augmentation de la domination sur les hommes étant nécessaire à la conservation d'un homme, il importe qu'elle soit permise.

De même, les hommes n'éprouvent nul plaisir (mais au contraire énormément de répugnance) à se côtoyer les uns les autres lorsqu'aucune puissance n'est capable d'imposer à tous son autorité. Car tout homme veille à ce que son voisin l'évalue au même prix qu'il s'évalue lui-même, et, au moindre signe de mépris ou de sous-estimation, s'efforce naturellement, aussi loin que va son audace (ce qui, parmi ceux qui ne sont tenus en respect par aucune puissance commune, est un motif suffisant pour les faire s'entretuer), d'extorquer à ses contempteurs la reconnaissance d'une plus grande valeur par la force, et aux autres par l'exemple.

De telle sorte que l'on trouve dans la nature humaine trois causes principales de querelle : premièrement, la compétition ; deuxièmement, la défiance ; troisièmement, la gloire.

La première cause porte les hommes à attaquer pour le profit ; la seconde, pour la sécurité ; et la troisième, pour la réputation. La première les fait recourir à la violence pour se rendre eux-mêmes maîtres des autres hommes, femmes, enfants, et bestiaux ; la seconde, pour les défendre ; la troisième, pour des vétilles telles qu'un mot, un sourire, une opinion différente, et n'importe quel autre signe de sous-estimation de leur valeur, soit qu'ils s'adressent directement à leur personne, soit qu'ils touchent par contrecoup leur parenté, leurs amis, leur nation, leur profession, ou leur nom.

Par là-même, il est manifeste que pendant le temps que les hommes vivent sans une puissance commune pour les maintenir tous dans un respect mêlé de crainte, ils sont dans la condition que l'on appelle la guerre ; et celle-ci est une guerre de chacun contre chacun. En effet, la guerre ne consiste pas dans la bataille ou dans l'acte de combattre seulement, mais dans tout le laps de temps durant lequel la volonté de s'affronter lors d'une bataille est suffisamment connue ; et donc, la notion de temps doit être prise en considération dans la nature de la guerre, comme c'est le cas dans la nature du temps qu'il fait. Car, aussi vrai que la nature du mauvais temps ne réside pas dans une ou deux averses, mais dans une tendance au mauvais temps qui dure plusieurs jours, la nature de la guerre ne consiste pas en une bataille réelle, mais dans la disposition reconnue au combat pendant tout le temps qu'il n'y a pas d'assurance du contraire. Tout autre temps est la paix.

Ainsi, quelles que soient les conséquences du temps de guerre durant lequel chacun est l'ennemi de chacun, ce sont les mêmes conséquences que celles du temps où les hommes vivent sans autre sécurité que celle que leur octroient leur propre force et leur inventivité personnelle. Dans de telles conditions, il n'y a pas de place pour une quelconque entre-prise parce que le gain en est trop incertain : aucune agriculture n'est alors possible, nulle navigation non plus, nul usage des marchandises importées par la mer; pas davantage de bâti-ments spacieux, ni d'engins permettant de soulever et de déplacer des objets qui exigent beaucoup de force; nulle connaissance de la surface de la terre, nulle mesure du temps, pas plus d'arts que de lettres, pas la moindre société; et, pour couronner le tout, il règne une peur continuelle, un danger de mort violente, et la vie humaine est solitaire, pauvre, périlleuse, grossière, et courte.

Il peut sembler étrange à celui qui n'a pas bien pesé ces choses que la Nature puisse de la sorte diviser les hommes et les rendre capables de s'attaquer et de se détruire les uns les autres; et cet homme peut par conséquent se méfier de cette inférence établie à partir des passions et désirer peut-être qu'elle lui soit confirmée par l'expérience. Laissons-lui donc le soin de considérer son propre cas : lorsque, partant en voyage, il s'arme et cherche à se mettre en route sous bonne escorte; lorsque, allant se coucher, il ferme ses portes à clef; lorsque, même dans sa propre maison, il verrouille ses coffres, et cela

alors qu'il sait pertinemment qu'il existe des lois et des offi-
ciers publics, armés, pour venger les préjudices qui pourraient
lui être causés. Quelle opinion a-t-il de ses congénères
lorsqu'il voyage armé? De ses concitoyens lorsqu'il boucle
ses portes? De ses enfants et de ses serviteurs lorsqu'il
verrouille ses coffres? N'accuse-t-il pas autant l'humanité par
ses actions que je ne le fais par mes mots? Cependant, aucun de
nous deux n'accuse la nature humaine en elle-même. Les désirs
et les autres passions humaines ne sont pas en eux-mêmes des
péchés, pas davantage que ne le sont les actions qui découlent
de ces passions jusqu'à ce qu'une loi signale que leur accomplissement est interdit. Tant que les lois n'ont pas été établies,
on ne peut rien savoir sur ce point, et nulle loi ne peut être
établie sans que l'on soit tombé d'accord sur la personne qui la
promulguera.

On peut estimer accessoirement qu'il n'y eut jamais une
telle époque ni un pareil état de guerre; et je crois que cela ne
fut jamais le cas partout dans le monde : mais il existe beaucoup
d'endroits où l'on vit de cette façon actuellement. [...] Quoi
qu'il en soit, on peut se représenter la spécificité de ce mode
de vie, lequel ne reconnaît aucune puissance commune à
craindre, par le mode de vie que des hommes, qui vivaient
auparavant sous un gouvernement pacifique, mènent lorsque
la situation a dégénéré en guerre civile. Mais s'il n'y eut jamais
d'époque durant laquelle les individus particuliers vivaient
dans un état de guerre qui les dressait les uns contre les autres,
il n'en demeure pas moins qu'en tout temps les rois et les
personnes dépositaires de l'autorité souveraine, du fait de leur
indépendance, sont dans une jalousie continuelle et adoptent
l'état et la posture des gladiateurs, gardant leurs armes
pointées et leurs yeux fixés les uns sur les autres, avec leurs
forts, leurs garnisons, leurs canons massés aux frontières de
leurs royaumes, et des espions surveillant constamment leurs

voisins, ce qui relève d'un état de guerre. Mais puisqu'ils soutiennent par tout ce déploiement les entreprises de leurs sujets, il ne suit pas de cette situation la misère qui accompagne toujours la liberté des individus particuliers.

De cette guerre de chacun contre chacun découle aussi la conséquence que rien ne peut être injuste. Les notions du bien et du mal, de la justice et de l'injustice n'ont pas leur place ici. Là où il n'y a pas de puissance commune, il n'y a pas de loi; là où il n'y a pas de loi, il n'y a pas d'injustice. La force et la tromperie sont en temps de guerre les deux vertus cardinales. La justice et l'injustice ne sont pas des facultés du corps ni de l'esprit. Si elles l'étaient, elles se trouveraient chez un homme qui est seul au monde, au même titre que ses passions et ses sensations. Elles sont des qualités relatives à l'homme en société, non dans l'état de solitude. C'est également une conséquence de cette condition qu'il n'existe ni propriété, ni pouvoir, ni mien et tien distincts, mais seulement que ce que chacun possède est ce qu'il peut obtenir aussi longtemps qu'il parviendra à le conserver. Et cela contribue beaucoup à la condition misérable dans laquelle le genre humain se trouve réellement placé par nature, bien qu'il ait une possibilité de s'en échapper, en partie grâce aux passions, en partie grâce à sa raison.

Les passions qui inclinent les hommes à la paix sont la peur de la mort, le désir des biens nécessaires à une existence confortable, et l'espoir de les obtenir par leurs entreprises. La raison suggère des articles de paix appropriés sur lesquels les hommes peuvent tomber d'accord. Ces articles sont ceux qui sont également appelés les lois de nature.

COMMENTAIRE

LA VIOLENCE DE L'ÉTAT DE NATURE

En raison de l'interminable guerre civile qui déchire l'Angleterre et qui culminera en 1649 avec l'exécution de Charles 1er, Hobbes s'exile en France en 1640, où il restera jusqu'en 1651, date de la parution de son *Léviathan*. La lutte fratricide à laquelle il assiste porte à son paroxysme la question des relations entre l'Église et l'État, entre les pouvoirs spirituel et temporel. Ce livre, ouvrage le plus systématique du penseur anglais et préparé par ses ouvrages précédents dont *Le citoyen ou les fondements de la politique* (*De cive*, 1642), traite d'abord de l'homme, de sa nature propre (« De l'homme », 1re partie) : l'étude de ses passions fondamentales permet d'aborder la question politique, qui en dérive nécessairement, puisqu'il faut bien composer avec l'identité humaine pour bâtir un corps social. Hobbes examine point par point les dimensions de l'humain, et, par complexification croissante, jusqu'à ses capacités ou facultés les plus élaborées : sensation, puis imagination, puis parole, raison, science, vertus intellectuelles, mœurs, religion, politique. Face à ce qui se dessine comme un matérialisme mécaniste, le lecteur a l'impression d'assister au cheminement de l'humanité dans son histoire, dans sa progression, ou à l'itinéraire d'un individu, lequel a d'abord des perceptions, puis parle, raisonne, s'organise. L'humain s'étoffe sous nos yeux, et cette anthropologie conduit à la question politique (« De l'État », 2e partie). Dans celle-ci, la fonction du pouvoir politique est exposée à partir de cette théorie de l'essence humaine et de sa violence inhérente. Les 3e et 4e parties (« De l'État chrétien » et « Du royaume des ténèbres ») approfondissent des perspectives théologico-politiques, la 3e montrant que la préservation de la paix requiert la subordination du pouvoir ecclésiastique au pouvoir civil[1], et la 4e consistant en une charge virulente contre l'Église catholique. Nous avons choisi ce fameux extrait parce que ce chapitre XIII est chargé de décrire la violence de l'*état de nature*, condition humaine initiale et cruciale, avant d'en déduire plus loin des conséquences primordiales pour l'établissement d'une société viable : il est donc une charnière entre le plan naturel et le plan civil. La problématique qui sous-tend ce texte peut se formuler ainsi : pour quels motifs les hommes dans leur état de nature sont-ils violents entre eux ? Quelles tendances innées, spontanées, ou délibérées, poussent les individus à se nuire les uns aux autres ? La nature humaine destine-t-elle les hommes à être heureux ou misérables ?

Ce chapitre débute par l'affirmation d'une double égalité fondamentale entre les hommes : force et capacité de raisonner sont équitablement réparties entre les individus par la nature. Nul n'est privilégié en étant doté *a priori* d'une puissance bien supérieure à celle des autres. Certes, Hobbes reconnaît

---

1. Comme dans la doctrine appelée l'érastianisme, contemporaine du hobbisme, défendue par Th. Lieber et opposée aux thèses calvinistes qui refusent de séparer la religion de l'État.

l'existence d'individus mieux pourvu que d'autres quant à la force et à l'intelligence ou parvenant à en faire un meilleur usage («bien qu'il se puisse trouver quelquefois un homme manifestement doté d'un corps plus fort ou d'un esprit plus rapide qu'un autre»); mais ces disparités ne sont jamais significatives au point de provoquer des inégalités de condition. Détails insignifiants et sans réelle portée, ces légères dissymétries entre les personnes ne sont pas décisives. Dès lors, cette absence de supériorité manifeste a pour conséquence qu'aucun individu ne peut revendiquer quelque avantage que ce soit auquel il pourrait prétendre de plein droit. Toute tentative de s'octroyer un privilège se révèle indue et l'accorde à autrui du même coup. Cette équivalence universelle de la puissance des hommes aboutit à l'identité des statuts et des possessions. Il ne s'agit pas d'un nivellement par défaut mais d'un égalitarisme par excès. D'ailleurs, le faible a toujours assez de force pour vaincre le plus fort, soit par surprise ou traîtrise, soit grâce à la complicité avec d'autres hommes subissant la même situation, l'union faisant la force. Aucun homme n'est si faible qu'il soit battu à coup sûr; et *nul n'est assez fort pour ne craindre personne.*

La stratégie démonstrative de Hobbes est de montrer que l'état de nature est invivable non seulement en ce qu'il y règne une violence constante, mais aussi en ce que les hommes ne se partagent pas entre faibles et forts – ce qui le rendrait moins affreux, puisque alors l'issue des combats ne ferait aucun doute et entraînerait l'arrêt de la violence : l'inévitable reddition et sujétion des faibles ferait cesser la guerre universelle. S'il existait une flagrante disparité entre les hommes pour ce qui est de leur faculté de penser et de leur potentiel physique, les combats verraient un protagoniste l'emporter rapidement; un vainqueur se dessinerait aisément, qu'il obtienne cette supériorité par la ruse subtile ou par la force brutale. La « guerre de tous contre tous » ne se peut concevoir que si tout le monde se bat et se vaut. L'affirmation hobbesienne de la relative égalité naturelle des forces et des intelligences a de sombres conséquences : les combats font rage de manière incessante puisque leur issue n'est jamais rapide et que les individus disposent d'une vigueur similaire. Cette indifférenciation sans appel a pour effet de tétaniser les initiatives et les tentatives. En effet, chacun sachant défendre sa vie, le vainqueur ressemblera à un vaincu : les coups échangés font mal, le plus fort en ressort diminué et meurtri, quand du moins la lutte se termine… Même le plus faible peut faire beaucoup de mal au plus fort. Du coup, les hommes se craignent terriblement les uns les autres, puisque tous les individus, même les plus chétifs et les moins subtils, peuvent terrasser leurs rivaux.

Dès lors, trois passions naturelles activent les mécanismes de la violence. La 1re cause est une propension à la *compétition* : les hommes se livrent à d'interminables luttes pour les mêmes biens matériels (territoires, gibier, armes, etc.) parce qu'ils les revendiquent au même titre : « De cette égalité des capacités découle l'égalité dans l'espoir d'accomplir nos desseins ». L'équivalence des aptitudes fait se tourner les sujets vers des fins analogues. Se sachant globalement égal aux autres, chacun aspire à posséder des biens de valeur qu'il pense mériter amplement. Mais autrui fait au même moment le même raisonnement, et n'en veut pas démordre. La structure vaniteuse et narcissique de la conscience de soi aboutit à la concurrence effrénée des objectifs : chaque homme ayant une haute opinion de lui-même, il arrive souvent que « deux humains désirent une même chose », et entrent donc en conflit. La violence surgit de la confluence des appétits. Lorsque les sujets visent des objets distincts, tout est calme ; le risque de la violence est momentanément écarté. Hélas, les objets de désir n'étant pas en nombre infini, la convergence des visées est une occurrence fréquente. Par surcroît, il est souvent inconcevable – et pas encore d'actualité – de posséder à plusieurs les mêmes biens, de partager équitablement, car il n'y en a pas suffisamment pour tous (« dont néanmoins ils ne peuvent pas jouir tous les deux »). Désormais débarrassé de toute entrave, le combat peut alors faire rage. Mais lorsqu'un homme tente de s'accaparer des biens dont un autre est le propriétaire, il sait parfaitement que son éventuel succès ne ferait de lui qu'un possesseur précaire et provisoire : une fois assuré de ces biens, il emprunte la condition de celui qu'il a dépossédé et, en prenant sa place, sera hanté par la même phobie de l'agression envieuse de la part des autres. Le règne généralisé de la défiance s'instaure inflexiblement. En outre, en étant à son tour privé de ses biens, il risque de tout perdre, sa vie ou sa liberté, puisque l'agresseur ne se contentera pas de le dépouiller, mais – toujours par sécurité – l'éliminera pour ne pas encourir sa vengeance ultérieure. Le danger venant de partout, le calcul de l'intérêt fait son apparition sous la forme de l'anticipation, de la prévision de la suite des événements. Il vaut mieux *être violent le premier*, frapper sans attendre. Chacun voudra se changer en prédateur pour ne pas être transformé en proie. L'avenir s'annonçant comme sombre, autant l'obscurcir dès maintenant… Pour ne pas être le dindon de la farce et de la force, chacun devient un loup. La seule limite de cette violence prévoyante est l'irruption d'une puissance supérieure intimidante. Le guide de cette violence préventive, de cette légitime attaque, est l'instinct de conservation, le réflexe naturel de survie. Cette cause, qui consiste à se protéger soi-même avant tout autre, est même plus fréquente et pressante que la cause précédente, l'ambition, l'avidité pour la possession. Or, cette agressivité par anticipation, qui pousse à attaquer le premier, n'est aucunement contraire à la morale, car nous sommes ici au niveau de l'état de nature, lequel est amoral et jamais immoral : les rapports humains naturels se situent en deçà du bien et du mal. Comme chez les animaux, chaque homme a tous les droits pour veiller à se conserver, pour garantir sa fragile sécurité. Hobbes soutient que l'agressivité manifeste, présente en l'autre, n'est pas le critère minimal du droit à l'action violente. Par une sorte de légitime défense préventive, les individus se battent les premiers pour ne pas être battus un jour.

Une telle fuite en avant ne manque pas d'entraîner une logique de surenchérissement, car chacun – deuxième cause naturelle de la violence – entretient une *défiance* maladive envers son prochain, jugé capable de toutes les vilenies à tout moment : cette abolition des limites ouvre sur l'illimitation des batailles, sur une guerre fratricide sans fin prévisible, car rien n'est jamais réglé. Personne n'en fera jamais assez pour assurer sa tranquillité. Comme si cela ne suffisait pas, des motifs narcissiques viennent se greffer sur cette entreprise jusque-là adaptative. Certains se découvrent une âme de conquérant, prennent goût à la destruction et au face-à-face, si bien que la soif de sang finit par les animer et générer un surcroît de résistance acharné chez leurs adversaires. Par contrecoup, ces derniers se convainquent qu'ils « ne seraient pas longtemps capables de survivre en restant seulement sur leur défensive ». Pourtant, ces élans sanguinaires relèvent encore de l'instinct de conservation, thème dont ils sont des variations. Ce *crescendo* s'inscrit aussi dans le cadre de l'amoralité dessiné par Hobbes dans sa description de l'état de nature : il est somme toute rationnel d'occasionner un maximum de pertes dans les rangs des ennemis potentiels lorsque l'on veut demeurer vivant le plus longtemps possible. La meilleure défense reste l'attaque.

Enfin, troisième cause, plus abstraite et psychologique : le désir de briller aux yeux des autres, de les entendre reconnaître notre valeur, la « gloire ». Ce plaisir de la renommée vient de la prépondérance de l'image de soi et du jugement d'autrui. Sans aucun dénominateur commun avec la position aristotélicienne qui voit dans l'homme un « animal politique » ou « civil », Hobbes n'admet pour sa part aucune *sociabilité naturelle* : « les hommes n'éprouvent nul plaisir (mais au contraire énormément de répugnance) à se côtoyer ». C'est naturellement que les hommes éprouvent une réticence à fréquenter leur semblable, tant qu'ils n'y sont pas contraints par un pouvoir politique, par une puissance « capable d'imposer à tous son autorité ». En l'absence d'une telle institution coercitive, il est fait recours à la violence afin d'obtenir d'autrui des marques de respect et d'admiration, tant la quête de reconnaissance est impérative. Dans ce texte, le lecteur assiste à une politisation du débat par petites touches. Dans le cadre pré-politique, nos rapports avec les autres se réduisent souvent à tenter de leur arracher par la force une confirmation extérieure de notre estime de soi : « Car tout homme veille à ce que son voisin l'évalue au même prix qu'il s'évalue lui-même ». Au premier regard ou jugement apparemment dépréciatif, à la plus petite trace de déconsidération, la prégnance de l'amour-propre porte n'importe qui à l'acte violent. Dans un tel état, personne ne peut s'abstraire de sa conscience réflexive.

À cet endroit, Hobbes récapitule les « trois causes principales de querelle ». À l'égalité physique et mentale des hommes sont venues s'ajouter trois tendances naturelles qui précipitent les hommes sans autre forme de procès dans le tumulte de l'animosité : la « compétition » désigne la rivalité

dans la convoitise des biens matériels, qui rend belliqueux ;
la « défiance », synonyme de suspicion et contraire de la
confiance, est le sentiment d'une personne qui craint toujours
et sans remède d'être trompée ; la « gloire » ou réputation (ne
se réduisant pas à la célébrité), correspond à la volonté d'être
reconnu comme un homme de pouvoir ou de valeur (cette
notion n'est pas très loin du désir de reconnaissance hégélien).
C'est immanquablement pour un de ces mobiles que les
hommes se battent. Ces pommes de discorde peuvent se
combiner et s'articuler entre elles, ce qui provoque *a fortiori*
un surcroît de violence et la rend inévitable.

La guerre est bel et bien une *condition* car Hobbes prend
soin de préciser que ce stade belliciste de l'histoire de l'humanité se déroule intégralement sur le mode de la violence
guerrière même lorsque personne ne passe à l'acte. Pour cela,
Hobbes s'appuie sur une théorie originale de la guerre : celle-ci
ne se limite pas au moment du combat effectif, mais elle caractérise le *rapport de tension* qui règne avec gravité dans les
relations entre les hommes ou les peuples alors même que le
conflit n'est pas commencé. Pour se dire en état de guerre,
il suffit qu'apparaisse dans son évidence une « disposition
reconnue au combat ». La guerre ne signifie pas seulement le
déchaînement concret de la force mais toute la période qui
précède, accompagne et suit le déroulement des batailles. Elle
est assurément la violence comme *rapport au monde*, comme
mode d'être d'une majeure partie de l'humanité. Les hommes
peuvent se dire en guerre lorsque la certitude de la lutte est
avérée, lorsqu'une grave mésentente règne, que l'embrase-
ment menace. L'auteur du *Léviathan* illustre cette idée par
l'exemple limpide du climat : contrairement à l'opinion
commune, le « mauvais temps » désigne une période assez
longue et ne se réduit jamais aux seules heures où la pluie

tombe effectivement. Il convient d'inclure dans cette caractérisation globale toutes les prémices des averses, les signes
avant-coureurs d'une dégradation du climat, la chute inau-
gurale des températures, le laps de temps durant lequel le ciel
s'est couvert les premiers jours; bref, il s'agit d'une «tendance» générale au mauvais temps. Le contraire de la guerre
n'est donc pas l'*absence de conflit* mais un *état pleinement
positif*, la paix, au sens où la paix ne veut pas dire l'absence de
guerre mais la présence d'un réel apaisement, la positivité
d'une concorde établie. Il ne suffit pas que la violence se teigne
ou se taise pour qu'un peuple puisse se dire en paix.

Suit un passage fameux, dans lequel est résumée la terrible
condition de l'homme à l'état de nature, sa «misère», à savoir
la «guerre de chacun contre chacun». Il y est décrit l'état
d'instabilité chronique dans lequel vit l'humanité avant l'état
civil, et où «il règne une peur continuelle, un danger de mort
violente» sans trêve. Le danger jamais exclu annonce le grand
nivellement des hommes, égaux devant les périls. La guerre
perpétuelle de l'état de nature ressemble à s'y méprendre à
celle de la guerre civile (qui, rappelons-le, ravage l'Angleterre
à l'époque de Hobbes): dans les deux cas, les hommes y
«vivent sans autre sécurité que celle que leur octroient leur
propre force et leur inventivité personnelle». Attendu qu'il ne
peut compter sur aucune institution, l'individu assure seul sa
protection individuelle. Les bornes de sa sécurité se restreignent ainsi aux limites de sa puissance physique et de sa ruse;
il ne peut s'en remettre à personne d'autre qu'à lui-même.
Cette auto-défense constitue la tragique solitude et le sordide
abandon de cet état de nature si périlleux.

Les conséquences d'une telle guerre permanente sont
désastreuses. Dans un pareil contexte, nul homme ne se
hasarde à investir du temps et de l'énergie dans une activité

quelconque. Ce découragement va plus loin : le gain de la moindre « entreprise » étant hautement aléatoire, personne ne laisse libre cours à sa créativité, à son inspiration, à sa curiosité. L'élan d'une conscience laborieuse est freiné avant d'oser envisager un premier bénéfice. La civilisation ne connaît de la sorte aucun développement, si menu fut-il. Hobbes énumère une liste éloquente de domaines impossibles à faire fructifier dans une telle condition chaotique : « agriculture », « navigation », « marchandises importées par la mer », « bâtiments », « engins ». Les rares constructions qui s'élèvent grâce aux efforts du travail humain sont immédiatement détruites ; la plus petite réussite économique est balayée avec fracas et sans pitié ; tandis que l'élaboration ingénieuse de machines performantes est rendue impossible par la dévastation systématique qui résulte des conflits interindividuels. Chaque effort ou essor des individus étant d'emblée enrayé, ceux-ci n'échafaudent plus aucun projet. Chacun a conscience que la plus mince velléité de progrès risque d'être balayée par la violence tentaculaire. À ce stade calamiteux, le progrès humain n'est pas même mort-né, encore moins embryonnaire : il ne peut pas naître du tout. *A fortiori*, toute activité besogneuse liée à l'économie étant paralysée d'avance, le mouvement du savoir et la vie artistique sont sapés à la base. Si les échanges liés aux besoins sont rendus impossibles, à plus forte raison le développement des « lettres » et des « arts » ne peut avoir lieu, et tout lien social en général est tué dans l'œuf. La curiosité des hommes désireux d'observer la nature et d'en comprendre les mécanismes par l'entremise d'une investigation raisonnée est *a priori* empêchée. Les hommes se maintiennent ainsi dans une ignorance invincible non seulement les uns des autres, mais aussi des phénomènes de la nature et des lois de la matière ; ils méconnaissent totalement leur milieu et vivent donc sous l'emprise et l'empire de la nature dont ils dépendent sans pouvoir s'en démarquer. Il en résulte à la fin de ce paragraphe un constat amer et terrible sous la plume de Hobbes : « La vie humaine est solitaire, pauvre, périlleuse, grossière et courte ». Cette théorie contraste vivement avec celle que développera un siècle plus tard Rousseau, lequel caractérisera la condition des hommes dans l'état de nature par l'indolence, l'insouciance, la paix, l'oisiveté, et par une bonté foncière.

Hobbes pare ensuite à une objection qu'un sceptique pourrait lui adresser à propos de sa thèse de la guerre naturelle. Les penchants viscéraux à la violence peuvent être contestés par l'humaniste qui veut croire en la douceur profonde de la nature humaine. Il est sous-entendu par Hobbes que celui qui a longuement médité sur cette question ne peut que tomber d'accord avec sa théorie, tandis que celui qui n'a que superficiellement abordé ce problème de la nature humaine (« celui qui n'a pas bien pesé ces choses »), sans approfondissement suffisant, l'estimera fausse à coup sûr. Il imagine sans la développer l'objection de son contradicteur : tout ce qui est naturel ne peut qu'être bon, juste, et positif ; la nature ne se nie pas elle-même et ne peut s'ingénier à monter les hommes les uns contre les autres, ce qui irait à l'encontre de leur conservation. Un argument empirique est alors avancé par l'auteur, lequel espère que son contradicteur sera plus sensible à un principe tiré de sa propre expérience : le vécu personnel de l'interlocuteur contredit son humanisme, car son attitude quotidienne trahit le défaut de confiance qu'il cultive en réalité vis-à-vis de ses semblables. De quelle façon ce hiatus se produit-il ? Le détracteur supposé ferme à clef ses portes et ses coffres, prend toutes les précautions indispensables pour ne pas donner prise aux voleurs, s'arme et s'entoure d'une multitude de précautions quand il se déplace, et « même dans sa propre maison ».

Par ses conduites de méfiance et de prudence, l'interlocuteur reconnaît involontairement et indirectement le peu de crédit qu'il accorde à l'honnêteté d'autrui et, par extension, à la qualité de la nature humaine: «N'accuse-t-il pas autant l'humanité par ses actions que je ne le fais par mes mots?». Qu'ils en soient conscients ou non, tous les hommes se méfient les uns des autres. Cet homme interpellé, représentatif du commun des mortels, redoute même la malhonnêteté de ses enfants et de ses serviteurs... Alors, à qui se fier? Comment nier, dans ces conditions, que les hommes aient tous une propension à la malveillance et à la méchanceté?

Après ce constat accablant, Hobbes apporte une nuance surprenante: contre toute attente, il n'est pas question de porter un jugement moral sur la nature de l'homme («aucun de nous deux n'accuse la nature humaine») puisque à l'état de nature, par définition, la morale n'existait pas encore! Ne peut être qualifiée de juste ou d'injuste qu'une action postérieure à la fondation de l'état civil. Il n'y a ni bien ni mal dans la nature: un lion qui dévore une gazelle ne commet pas un crime mais se contente de suivre un mécanisme naturel parfaitement identifiable; il obéit à l'instinct de conservation le plus élémentaire. Il en va de même pour l'homme avant que le règne des lois ne vienne adjoindre à ses passions des déterminations éthiques: «Les désirs et les autres passions humaines ne sont pas en eux-mêmes des péchés». De manière très moderne, Hobbes prétend que c'est initialement l'interdit moral qui invente la transgression et l'interdiction juridique qui produit l'infraction. Il retourne le vieux schéma de la morale traditionnelle fondé sur la primauté du bien et du mal sur le permis et l'interdit, et sur la conviction naturaliste que la justice et l'injustice sont des valeurs en soi, à considérer platoniciennement comme des hypostases qui transcendent l'ordre social et la relativité des cultures. Ces notions auraient ainsi le statut de vérités éternelles, comme dans la morale chrétienne. En vérité, les actions des hommes demeurent *amorales*, étrangères à toute considération de moralité, « jusqu'à ce qu'une loi signale que leur accomplissement est interdit ». La nature est sans péché et la passion innée ne conduit pas à la faute. Dans l'état de nature, tuer, c'est uniquement se défendre, ce n'est en aucun cas commettre un meurtre ; voler, c'est travailler à augmenter son espérance de vie, ce n'est point dérober injustement son bien à autrui. L'illégitimité est contemporaine de l'illégalité, et le droit naturel se confond avec le droit positif. Le vice et la vertu ne peuvent recevoir aucune caractérisation ni acception avant la promulgation officielle des lois de l'ordre politique. L'établissement de ces normes moralement signifiantes et juridiquement contraignantes ne peut jamais être subi, mais est fondé sur le consentement général des hommes rassemblés.

À la fin de cet extrait, après avoir ajouté que le droit de propriété est lui aussi impossible à fonder dans un tel état où chacun ne conserve un bien que par la force, Hobbes explique que les individus aspirent à en sortir définitivement, tant il est insupportable d'y vivre. Cette volonté d'en échapper s'impose doublement, aussi bien aux passions qu'à la raison, tant subjectivement qu'objectivement. Cette perspective fera l'objet des chapitres suivants, où Hobbes établit les règles – qu'ils nomment « lois naturelles » – grâce auxquelles un pouvoir souverain peut tirer l'humanité de cette impasse de la guerre perpétuelle, pouvoir auquel chacun aura remis tous ses droits et sa liberté en échange de la sécurité. C'est par la médiation d'un contrat qu'un monarque est introniśé comme dépositaire d'un pouvoir total, avec pour mission et fonction de garantir la conciliation des libertés individuelles. Le pouvoir plénipoten- tiaire est destiné à maîtriser enfin la violence inhérente à

l'homme : une demi-autorité serait une demi-mesure, et abou-
tirait à une absence d'autorité. Les hommes consentent mutuel-
lement à se dessaisir du droit qu'ils détiennent sur toutes
choses. Avec ce pacte qui confère à l'unanimité les pleins
pouvoirs à un chef, les hommes font prévaloir la raison et
la paix. En proclamant que le souverain est le représentant
suprême de tous ses sujets, le philosophe interdit la médiation
de toute autre instance, notamment parlementaire. Hobbes
légitime philosophiquement l'idéologie officielle de la monar-
chie absolue, mais sans recourir à des arguments religieux, par
un argumentaire pragmatique et rationnel. Il justifie aussi
l'emploi de la force, mais efficacement translaté dans la
dimension politique, car la promesse de soumission au roi est
trop fragile : « Les conventions n'étant rien que des mots et du
vent, n'ont aucune force pour obliger [...] en dehors de la force
du glaive public » [1]. Il vaut donc mieux s'unir et obéir à un chef
afin que l'indépassable rapport de force assure une cohésion
sociale, au nom d'une logique du mal minimal : la puissance
souveraine est moins nuisible que son absence.

Ne cautionne-t-on pas ainsi les pires excès politiques ?
C'est ce que Locke et Rousseau objecteront fermement à
Hobbes. Le 1er dément que l'état de nature soit pire que
l'obéissance à la volonté arbitraire et sans limites du pouvoir
car, dans le cadre naturel, les hommes pouvaient au moins se
défendre. Une telle puissance accordée à une subjectivité
imprévisible serait une fatale sujétion volontaire, car il est
« bien pire d'être exposé au pouvoir arbitraire d'un seul
homme, qui en commande cent mille, que d'être exposé au

---

1. T. Hobbes, *Léviathan*, chap. 18 « Des droits des souverains », trad.
G. Mairet, *op. cit.*, p. 293.

pouvoir arbitraire de cent mille hommes combattant chacun pour soi »[1]. Le second soutient qu'un tel pacte unilatéral, sans garantie mutuelle, est nul et non avenu, l'abandon par un individu de ses droits étant un acte contradictoire et contre nature, vu que «renoncer à sa liberté, c'est renoncer à sa qualité d'homme »[2]. Le seul point commun entre ces deux théoriciens du contrat social que sont Hobbes et Rousseau consiste en l'idée que l'état de nature n'est pas un fait historique mais une hypothèse de travail.

---

1. J. Locke, *Essai sur le gouvernement civil* (1690), chap. XI, § 136, trad. fr. B. Gilson, Paris, Vrin, 1967.

2. J.J. Rousseau, *Du contrat social*, Livre I, chap. IV, p. 51.

TEXTE 2

JEAN-PAUL SARTRE
Cahiers pour une morale[1]

Contre l'éparpillé, l'extérieur à soi, le divers, il n'y a pas de violence. Il ne peut y avoir violence que lorsque la résistance est celle d'une *forme*, c'est-à-dire de l'unité organique d'une diversité. Il y a force lorsque l'action est conforme à une légalité (ici nous sommes dans la nature, il s'agit donc d'une opération conforme aux lois internes de l'objet) et violence lorsque l'action est extérieure à la légalité. Si je débouche la bouteille, c'est force – si je brise le goulot, c'est violence. Cet exemple montre que la violence prend place là où la force est inefficace, c'est-à-dire qu'elle naît originellement de l'échec de la force. De là l'idée en partie vraie que la violence est faiblesse. […] Pour accepter cette idée toutefois, il faut poser originellement qu'il y a suprématie théorique de l'action accomplie conformément aux lois sur celle qui est accomplie contre les lois. Mais je peux préférer au contraire la non-légalité, c'est-à-dire que je puis mettre la destruction comme

1. *Cahiers pour une morale* (1948), Paris, Gallimard, 1983, p. 179-183.

moyen d'atteindre une fin au-dessus du respect de ce qui est. Dans ce second cas, j'affirme l'inessentialité de tout ce qui existe par rapport à moi-même et à mon but. La violence implique le nihilisme. Mais en même temps le style même de mon acte est altéré. L'action qui observe des lois est *composée*, l'action qui n'en observe pas se *décompose*. Affirmer avec force, c'est demeurer composé. Affirmer avec violence, c'est sortir de son maintien. Cela est naturel parce que toute violence commençant où la force s'est arrêtée, implique une certaine confiance dans le hasard (pris comme lois inconnues). Si je tape de plus en plus fort sur un clou, il n'y a pas de violence. Mais vient un moment où je ne contrôle plus exactement mes gestes. À ce moment, je compte sur la statistique : vingt coups de marteau tomberont au hasard, mais il en viendra bien un qui tombera sur le clou. Je ne compte pas sur le connu mais sur l'inconnu, il y a *espoir* dans la violence et *certitude* dans l'opération légale. D'autre part, il est visible que la violence ne s'adressant qu'à des natures organisées, il n'y a violence que par rapport aux organismes vivants, aux outils, aux établissements humains et aux hommes. Mais il n'y a violence à la vie qu'au niveau où on peut l'assimiler à de l'humain. On fait violence à un chien, à un cheval, à un singe. Il ne viendrait pas à l'idée de dire qu'on fait violence à une écrevisse en la plongeant dans l'eau bouillante, sinon par extension à l'infini de l'idée juste de violence. Naturellement les limites de la violence et de la non-violence sont de ce point de vue extrêmement difficiles à tracer, ou plutôt elles sont variables selon l'attitude prise en face du phénomène ambigu de la vie. Malebranche ne croyait pas faire violence à son chien en lui donnant un coup de pied. D'autre part, si on pose une série de lois naturelles et inviolables (Physique) il y a une autre raison pour qu'on ne puisse faire violence à la nature : c'est qu'on n'obtient jamais de résultat qu'en obéissant à ses lois. Aucune violence ne fera voler un avion dont le moteur est en panne. [...] Ici nous voyons que la violence n'est pas un moyen parmi d'autres d'atteindre la fin, mais le choix délibéré d'atteindre la fin *par n'importe quel moyen.* C'est pourquoi la maxime de la violence est « la fin justifie les moyens ». Elle veut dire en somme : tous les moyens qui contribuent à produire la fin sont justifiés. Mais précisément le sens en varie si l'on considère la fin comme étant par rapport aux moyens dans l'extériorité d'indifférence ou comme l'unité organique des moyens. Dans le premier cas la violence est à ce point justifiée qu'elle n'est même plus violence. Mais dans le second cas, la violence est altération de la série totale des moyens et donc de la fin. La fin visée s'altère avec les moyens, ainsi la violence est en porte à faux. Si, à demi mort de soif, je trouve une bouteille que je ne puis ouvrir, la violence que je fais en en cassant le goulot est irrelevante par rapport à la fin. Si par contre je suis invité à boire chez des amis, la fin (boisson en société) implique la cérémonie, donc le respect de toute règle, en particulier l'usage composé des objets. La violence (cassage du goulot) altérerait la fin en rompant le lien de société. [...] Ce n'est pas la fin qui justifie les moyens, c'est le moyen qui justifie la fin en lui conférant par la violence (sacrifice du monde entier à la fin) une valeur absolue. En ce cas la violence a pour fin de faire apparaître l'univers de violence. [...] Comme toute activité est en même temps valeur, la violence porte en elle sa propre justification, c'est-à-dire qu'elle réclame par son existence même *le droit* à la violence. Et comme la violence est destructrice des enchaînements réels et des natures, ce droit implique la position que les formes et les organisations sont à vil prix. L'univers devient inessentiel au prix du but que l'homme s'est fixé. En même temps il prend le caractère d'obstacle pur – du moins en tant qu'il est donné. En effet dans l'action composée les choses ont un aspect ambigu : elles sont partiellement obstacles et partiellement instruments. Mais c'est qu'on laisse canaliser sa force dans leur organisation ; on s'appuie sur elles. Ici, au contraire, il y a refus des techniques antérieures et des formes, donc le caractère d'obstacle est le seul présent. Ce caractère ramasse et simplifie à l'extrême les objets ; ils n'ont plus qu'un aspect : la densité, puisqu'ils sont corrélatifs de l'action de briser. L'unité des formes est pure cohésion massive. La résistance de la bouteille aussi bien que celle de la foule, de la population colonisée, du gouvernement étranger sont saisies comme unités de cohésion. La violence est déconcertée par les matières labiles, celles qui glissent, s'effondrent sous les doigts, coulent huileuses. Car la violence ne saurait rassembler. L'univers devient donc un univers de masses. Du même coup la violence est négation du temps puisque la mesure du temps est l'action qui compose et utilise. Si j'attends que le sucre fonde, je m'appuie sur les caractères mêmes de l'eau et du sucre. Le temps passe. Le violent jette le verre : le voilà détruit en un instant. […] Ce refus de composer chez le violent équivaut au refus d'être du monde. « Ne perds pas ton temps, cogne » veut dire : n'entre pas dans ses raisons, ne joue pas le jeu, n'accepte pas son existence. Frappe, réduis-le à une simple résistance qui dévoile sous les coups la vérité. L'intransigeance du violent est l'affirmation du droit divin de la personne humaine à avoir tout, tout de suite. L'univers n'est plus moyen mais l'obstacle dense et inessentiel entre le violent et l'objet de son désir. Quant à cet objet, il faut nécessairement qu'il soit existant déjà ou posé comme tel. En effet la violence étant destructrice ne peut *produire* un objet ; elle ne peut qu'ôter les obstacles qui le cachent. La bouteille n'est plus un instrument qui garde le liquide et qui *aide* à le verser si l'on sait s'en servir. Elle est la prison du liquide, l'obstacle entre lui et ma bouche. Mais le liquide est déjà là. Il m'attend. Ainsi la violence est manichéiste. Elle croit à un ordre du monde donné mais dissimulé par de mauvaises volontés. Il suffit de détruire l'obstacle pour que l'ordre apparaisse, ceci de l'antisémitisme qui libérera l'ordre du monde en détruisant le Juif au surréaliste qui fera apparaître le surréel à l'horizon des destructions. La violence implique donc la confiance dans le Bien mais au lieu de penser le Bien comme *à faire*, elle le pense comme à délivrer. […] Mais en même temps le violent est *intransigeant* précisément parce qu'il refuse de composer. En fait il choisit la propre destruction de son but et sa propre destruction plutôt que de reconnaître les droits du monde et de l'opération. Si le but ne doit être atteint que par l'utilisation d'un instrument, alors périsse le but même et l'instrument qui était son unique chemin. Le violent est un pur. Un cathare. Il n'accepte pas l'échec sans la mort et à la limite remplace la destruction pour le but par la destruction pour la destruction. Ainsi la violence est une méditation de la mort. Avoir tout, tout de suite et sans compromis, en faisant sauter l'ordre du monde, ou me détruire en entraînant le monde avec moi. Mais, par le fait, il faut aller plus loin encore. Notons d'abord que dans l'univers de la violence il y a renversement du rapport fin-moyen. La fin est justifiée par la violence. On peut sans doute déboucher la bouteille, dans l'orgie. Mais on ne le veut pas. On ne le veut pas parce que justement le but c'est de détruire en usant. La violence est opération dans le monde donc appropriation du monde. Mais appropriation par destruction. C'est-à-dire que l'objet m'appartient dans son glissement de l'être au néant si ce néant est provoqué par moi. Faute de le fonder dans son être par ma liberté, je mets ma liberté à le fonder dans son néant. Je suis à l'origine du néant du monde, je suis l'Anti-créateur, je rêve d'une destruction continuée. Et l'image que me renvoie mon opération est l'image d'un Moi qui au lieu d'être le fondement de mon être est le fondement de son non-être. Autrement dit c'est ma facticité que je détruis symboliquement sur le monde. Je veux être pur non-être. Mais être pur non-être ce n'est pas ne pas être. C'est être pur pouvoir néantisant, liberté pure. La violence est affirmation inconditionnée de la liberté.

COMMENTAIRE

L'IMPROBABLE MORALE DE LA LIBERTÉ
ET DE LA VIOLENCE

Ce texte inachevé et posthume, écrit en 1947-1948 sous forme de notes, esquisse la morale annoncée à la fin de *L'Être et le Néant*. Présentant peu de paragraphes, écrit au fil de la plume (comme une partie de la *Critique de la raison dialectique*) et n'ayant pas été relu, ce livre n'exclut pas des non-dits et des redites. De manière souvent subtile et impertinente, Sartre y étudie notamment les morales chrétienne, kantienne et hégélienne, et y examine tour à tour des concepts traditionnels de la morale (le Bien, le don, la création, la conversion, la prière, la générosité) et d'autres plus modernes (l'aliénation, la bêtise, la force, l'authenticité), mais sans déboucher sur une morale attendue de la situation et de l'engagement. Prenant acte que la violence a toujours existé dans les rapports humains, que nul ne peut la fuir totalement et qu'elle domine la vie sociale et l'histoire, Sartre y tente de poser les fondements d'une morale ontologique de la violence. La problématique majeure de ces *Cahiers* peut être formulée ainsi : Comment fonder des valeurs sur une ontologie de la liberté absolue ?

Comment déduire des impératifs à partir d'une description phénoménologique de la conscience? Si je fais tout ce que je veux ou peux à partir d'un projet originel, je ne suis obligé à rien, à moins de m'y obliger moi-même par et dans mon projet même. Il semble que Sartre n'ait pas réussi à sortir de l'impasse que rencontre celui qui veut ériger une morale de la liberté pure (même si Simone de Beauvoir, dans *Pour une morale de l'ambiguïté*, livre oublié, a levé quelques contradictions qui figeaient ce problème).

Dans les premières lignes du texte, Sartre avance l'idée que la violence n'est jamais constructive, qu'elle est par essence *destructrice*, même si cette destruction est légitimable. Toute violence est dislocation d'un ensemble, si petit fut-il, soit en termes sartriens la détotalisation d'une totalité synthétique. L'acte violent ne peut produire un élément : il dissout une « *Forme* » en une multiplicité éparse, il est l'éclatement d'une structure solidaire et ne peut jamais combattre des entités désorganisées, des agrégats, mais seulement des entités unitaires qui lui opposent une « résistance ». Un homme n'est pas violent s'il jette des pierres dans la mer, car celle-ci ne peut pas être considérée comme « l'unité organique d'une diversité », comme un système : elle représente un tout disparate sans centre ni harmonie des parties.

De son côté, la force est une puissance jugulée et contrôlée, voire *assujettie à des lois*. Comme dans l'exemple de la bouteille, l'usage de la force constitue de part en part un acte *conforme aux lois*, sociales ou naturelles[1]. On ne peut pas participer à un déménagement ni s'entraîner dans une salle de

---

1. De même, en sciences physiques, un champ de forces est strictement régi par des lois, c'est-à-dire par des rapports constants ou par des régularités.

musculation au-delà de sa réserve de forces disponible : la fatigue est soumise à des lois, à des rapports constants ; et même la récupération des forces est une compensation qui obéit à des règles. Au contraire, la violence est la mise à contribution abusive d'une force. Il ne s'agit pas seulement d'une mise en branle de la force latente mais de l'exacerbation de la puissance physique ou morale, et donc de l'ensemble des lois qui la circonscrivent dans ses limites. Si la force est respectueuse en ce qu'elle s'inscrit résolument dans des normes qu'elle reconnaît, la violence est *transgressive*. En tant que perversion et subversion de l'usage de la force, elle commet une infraction à la loi, une *violation* d'une norme juridique ou d'une légalité quelconque. Sartre précise alors que la violence prend le relais de la force lorsque celle-ci a échoué à tirer parti du déterminisme causal : sa condition de possibilité est « l'échec de la force ». Il en découle le paradoxe que la violence est une réaction de « faiblesse » car elle n'est pas parvenue à passer par les techniques officielles. Cette idée est paradoxale parce que l'on est accoutumé à concevoir la violence comme imperméable à la faiblesse, puisqu'elle est le déchaînement d'une force devenue ambitieuse et implacable, et que l'on oppose la force à la faiblesse. Le projet violent est motivé par une situation aporétique. Butant sur une impasse, le violent tente de passer par une autre démarche que l'usage ordinairement prévu de l'objet ; il ose un détournement de fonction. Par exemple, le sujet passe de la force à la violence lorsqu'il casse une vitre pour entrer dans un lieu après avoir renoncé à ouvrir une porte dont la serrure est bloquée, ou lorsqu'il passe de l'interrogatoire à la torture. *La violence est la « solution » au manque d'efficience de la force* ; elle en est le prolongement et l'exaspération, et survient lorsque l'obéissance aux moyens légaux n'a pas été fructueuse. En termes d'efficacité pure, la force est désavantagée par rapport à la violence puisqu'elle s'oblige à se maintenir dans les limites de règles préétablies – alors qu'elle pourrait vraisemblablement les dépasser à sa guise. En revanche, la violence, en ne donnant presque aucune borne contraignante à son déferlement, s'assure *a priori* des résultats plus percutants et immédiats.

Toutefois, l'auteur des *Cahiers* s'empresse d'ajouter que le raisonnement précédent ne vaut que si l'on admet d'abord le postulat de la supériorité axiologique de la force modérée sur la violence démesurée, ce qui est discutable. D'un point de vue moral, la force peut être privilégiée par rapport à la violence dans l'exacte mesure où l'on privilégie le juste par rapport à l'injuste. Mais n'est-ce pas là une simple opinion ou un parti-pris traditionnel? Si l'on adopte le critère utilitariste de l'efficacité, l'action violente est préférable car son succès est plus probable en ce qu'elle évolue dans l'illimitation. Le violent n'a pas besoin d'inhiber des pulsions ni d'écarter des choix, tous sont *a priori* éligibles : il dispose devant lui d'un éventail de possibilités plus large. Même si Sartre ne tranche pas entre ces deux perspectives, il place l'homme violent devant la responsabilité de ses actes en lui en montrant les conséquences, en premier lieu son *égoïsme* : en effet, celui-ci se pose comme étant une fin absolue, un centre du monde par rapport auquel « tout ce qui existe » est relatif et voué à « l'inessentialité », ce qui paraît une relativisation infondée et outrancière. En d'autres termes, le violent refuse l'ordre existant et toutes ses valeurs en vertu du seul décret arbitraire de son importance. Cette auto-glorification le conduit logiquement au « *nihilisme* » : la violence présuppose l'annihilation symbolique du réel, sa minoration par rapport à la valeur absolue du projet violent. Le monde est ainsi relégué au rang de simple intermédiaire en vue de l'accomplissement d'un but violent.

Une deuxième conséquence est mise en avant : le violent abdique son contrôle de lui-même, il n'a plus la mainmise sur le déroulement de son action. C'est ce que Sartre veut dire lorsqu'il juge que le violent en vient à « sortir de son maintien ». Il frappe au hasard, le plus possible, dans tous les sens, mû par son irritation. Son action « se *décompose* », aux deux sens du terme : elle se dégrade, devient chaotique et sans méthode ; et elle n'est plus « *composée* » en ce sens qu'elle n'est plus *complexe* mais *simple*, voire simpliste[1]. L'activité est menée sans finesse ni rigueur. L'acte violent se voue à la désorganisation sans recours puisqu'il ne compte vraisemblablement plus sur les mécanismes naturels : il s'en remet au « hasard », à la *quantité* des coups assénés plutôt qu'à leur *qualité*. L'activité n'étant plus normée, sa réussite tient à la prolifération des gestes. Ne sachant pas tirer, l'individu croit avoir plus de chances d'abattre des ennemis ou de toucher des cibles en mitraillant tous azimuts qu'en visant avec lenteur et minutie. À être une action composite et débridée, qui s'effiloche et se déstructure, la violence court davantage que la force le risque de l'échec. Opération aléatoire qu'on peut à peine qualifier de stratégique, elle s'appuie sur des probabilités non calculées. L'infériorité de la violence est donc ici moins éthique que technique. Alors, tout se tient : c'est parce qu'elle manque de cohésion que la violence peut s'en prendre à des formes cohérentes ; c'est parce qu'elle est légaliste que la force peut déployer une efficacité ciblée. Il y a un goût de la violence pour la contingence et de la force pour la nécessité. Pourtant, Sartre indique que le violent table sur des « lois

---

1. On sait que « composé » et « complexe » sont deux contraires de « simple ».

inconnues ». Après tout, le déferlement de coups n'est ni sur-naturel ni infra-naturel ; simplement, il enclenche des régula-rités qui existent sans être posées objectivement. Le violent a choisi de tabler sur les probabilités. S'il réussit, qu'il le sache ou non, il sera passé par les canaux du déterminisme naturel ; de fait, il n'en est jamais sorti, pas plus qu'un autre. Nul ne pouvant se soustraire aux lois de la nature, la violence a l'*apparence* de l'illégalité. Ce qui double selon Sartre l'inanité de la décision violente est que la nature ne peut être violentée, mais seulement forcée. La technique ne domestique la matière qu'à condition de ne pas désavouer ses processus. Le violent donne l'impression de se passer des lois qui gouvernent le monde phénoménal mais, en réalité, il s'est contenté de se détourner d'une certaine orthodoxie normative. Cogner sur une télé peut la faire fonctionner provisoirement mais ne la répare pas. À l'inverse de la force, le projet violent est insusceptible d'un quelconque effet positif sur le monde matériel.

Reprenant l'idée selon laquelle la violence n'assaille que des corps organisés, Sartre précise que les actes de violence ne blessent que l'homme ou tout ce qui relève de l'humanité, tout ce qui en dépend (« outils », « établissements ») ou lui est apparenté même lointainement (les « organismes vivants », un « chien », mais pas une « écrevisse »). En l'absence d'une défi-nition ferme de l'humain et du vivant, la délimitation des manifestations de la violence reste équivoque : l'amplitude de la vie mesure l'altitude de la violence. Ce qui est violent s'ancre sur ce qui est vivant. La représentation individuelle de la violence dépend étroitement de la conception que chacun entretient de la vie, comme dans l'exemple de Malebranche et de son chien. Le chef de file de l'existentialisme s'insurge ici contre un usage flottant et trop étendu des notions de violence et d'humanité, contre un suremploi naïf de ces termes qui les noie dans l'insignifiance anthropomorphique.

Du coup, quel argument reste-t-il pour justifier l'extrémité violente ? L'unique justification de la violence reste manifestement la valeur de la fin. Pour cela, il importe que la fin diffère radicalement, par sa salubrité, de l'éventuelle insanité des moyens. La seule violence justifiée est la contre-violence en ce qu'elle vise à l'arrêt de la violence, c'est-à-dire à son propre suicide. Sartre prend l'exemple de la bouteille cassée par un homme assoiffé, celui-ci n'ayant pas à lésiner sur les moyens pour se sauver, la conservation de soi étant une fin que la conscience peut défendre comme juste. Mais si l'individu casse une bouteille (c'est-à-dire effectue exactement la même action) durant une fête, en bonne compagnie, afin de montrer ostensiblement sa colère, son acte est répréhensible parce que la fin en est réprouvée. Dans l'évaluation morale, le contexte est à prendre en compte. Et Sartre de s'autoriser à retourner la maxime de Machiavel : *ce sont les moyens qui décident de la valeur des fins* et non l'inverse, car des moyens inadaptés et excessifs maltraitent la fin en la dénaturant. En d'autres termes, si j'agis sauvagement, mon objectif en est invariablement terni. Si je ne recule devant aucun moyen (« *par n'importe quel moyen* » écrit Sartre) au nom de mon dessein, si je le vise *à tout prix*, je corromps mes idéaux ; je place ma convoitise au-dessus de l'intérêt général, de l'univers entier – « à tout prix » signifiant au prix d'autrui. Le moyen violent éclabousse la visée non-violente. En tout cas, c'est le risque que l'homme violent court à vouloir fonder une fin par l'abus de la force. Moralement parlant, il ne suffit pas que la fin soit pure et irréprochable et diffère substantiellement de la nature des moyens employés (« extériorité d'indifférence »). L'action est un tout moral : après tout, n'est-il pas artificiel de prétendre séparer les moyens des fins, comme l'a prétendu l'auteur du *Prince* en son temps sur le plan politique? L'immoralité des moyens ne rejaillit-elle pas sur la moralité des fins? Sartre soutiendra même plus bas que le violent, authentique puriste sans concession (un « cathare »), faute de parvenir à ses fins, changera tout bonnement ses moyens en fins en soi (« destruction pour la destruction »). Il refusera jusqu'au bout de composer, au sens cette fois de « composer avec », de faire avec les moyens du bord, versant ainsi dans le formalisme et le rigorisme.

En outre, exister, c'est poser des valeurs. Cette libre position montre que si l'individu préférait vraiment un autre type d'action, il l'aurait menée. En mentant, le menteur pose le mensonge comme une valeur (« toute activité est en même temps valeur »); sinon, il dirait la vérité! Comme l'expliquent *L'être et le néant* et *L'existentialisme est un humanisme*, chaque homme est responsable de l'humanité entière au sens où il présente aux yeux des autres, par le contenu de ses actions, un certain type d'humanité, qu'il affirme d'une certaine façon comme un modèle idéal. Par nos choix et nos projets, nous affirmons que certaines perspectives valent plus que d'autres. Chaque homme est responsable de l'image de lui-même et de l'humanité qu'il diffuse aux autres. Que nous le sachions ou non, nous agissons en fonction de valeurs que nous décrétons universalisables. L'ouvrier adhérant à un syndicat chrétien indique par son choix qu'il *appelle* implicitement tous les hommes à en faire de même, à agir comme lui; il montre qu'il considère cette attitude élue comme la meilleure solution envisageable. Il en va de même pour le violent, qui contribue à « faire apparaître l'univers de violence », ce qui est tout sauf une tautologie ou un truisme de la part de Sartre : le violent dessine un monde dans lequel la violence serait la norme et le fil conducteur, où tout se règlerait par la brutalité et le droit du plus fort.

Par rapport à la réalité matérielle, même s'il instrumentalise malgré lui les objets, le violent refuse l'intercession ou l'interposition des médiations mondaines (travail, épargne, séduction, etc.). Par un singulier appauvrissement, les choses et les objets (qui sont des choses ouvrées, la matière refaçonnée par l'homme) sont considérés comme des « obstacles » négatifs, le monde a perdu ses propriétés et sa variété : il est devenu « inessentiel » et unidimensionnel, la fin poursuivie monopolisant obsessionnellement l'attention de la conscience. De ce fait, il ne demeure de l'objet que sa « densité », à savoir sa présence matérielle brute et nue, sa massivité effective, et, partant, son statut de totalité synthétique qui oppose une résistance à la destruction : « L'unité des formes est pure cohésion massive ». C'est pourquoi Sartre soutient que la violence est inadaptée contre tout corps sans unité, détotalisé, contre les éléments qui sont, par exemple, visqueux et insaisissables, qui s'écoulent en ordre dispersé, sans milieu ni limites.

En pleine corrélation avec le refus de la légalité, la violence est pour Sartre le rejet concomitant du *temps*. Le violent est l'impatient par excellence : il ne souffre pas d'attendre « que le sucre fonde » et que « le temps passe ». La temporalité figure ici la durée nécessaire à l'épanouissement des propriétés des objets, ce dont le violent ne veut sous aucun prétexte puisqu'il exige d'aller droit au but, sans tergiverser. Ce rejet de la temporalité n'est qu'une variation sur le thème du « refus » d'être du monde. Malgré le style en apparence constamment digressif du texte, tous les éléments des analyses de Sartre s'articulent selon une cohérence et une systématicité qui font regretter plus encore leur inachèvement.

Non content d'être nihiliste, le violent est aussi « manichéiste ». Sartre n'écrit pas « manichéen » mais « manichéiste », ce qui montre bien que la division du Bien et du Mal est une scission rigide et que cette idéologie donne lieu à une vision du monde caricaturale et schématique. L'univers du violent est un *cosmos* dualiste. Mais cette caricature ne s'arrête pas en si bon chemin : le violent croit irrationnellement en une pureté originelle qui serait l'état premier du monde, en un réel primitif dont les clefs des mystères et des secrets auraient été confisquées depuis fort longtemps – voire de toute éternité – par des forces malintentionnées. Voilà pourquoi la violence radicale est soit réactionnaire soit révolutionnaire : elle s'en prend au monde comme il va – ou plutôt comme il ne va pas – pour revenir souvent à un stade antérieur ou antédiluvien pendant lequel l'humanité vivait idéalement. Il s'agit ici de renouer avec un âge d'or perdu. Dans cette optique, le violent perçoit *tous les objets* de manière mégalomaniaque et paranoïaque comme des ennemis qui l'empêchent d'accomplir son dessein, qui lui opposent un coefficient plus ou moins élevé de résistance. Dans ces conditions, le Bien – auquel le violent croit par-dessus tout – n'est pas « *à faire* » mais « à délivrer »; il convient de le détacher des liens qui l'enserrent. La vérité est voilée, et le violent se propose de la rejoindre seul en balayant toutes les entraves qui la dissimulent. Il ne se donnera pas la peine de chercher, d'inventer, d'interpréter, car son univers n'est pas ambigu.

Concept central de *L'Être et le Néant* et pendant négatif de l'intentionnalité qui désigne depuis Husserl la propriété de toute conscience d'être conscience de quelque chose, la néantisation est l'acte par lequel la conscience supprime tout ce qui *n'est pas* l'objet de sa visée. Chaque élément apparaît alors sur fond de tous les autres et sur fond de monde. Pour Sartre, c'est la liberté consciente qui introduit du néant dans le monde alors que l'être, sans cette structure de la conscience, resterait plein comme un œuf. Ici, le philosophe propose une radicalisation de la néantisation, qu'il expose comme un processus d'annihilation ontologique : le violent opère une « appropriation par destruction », il joue et jouit de son pouvoir négateur, d'être un Dieu inversé (« l'Anti-Créateur ») qui éliminerait au lieu de créer. En plongeant l'objet dans le non-être, le violent décide de son sort et, du coup, le possède par cette « affirmation inconditionnée » de sa liberté toute-puissante et décisive. Faute de pouvoir créer, il néantise, il « nihilise » tout ce qu'il touche par sa volonté souveraine. Sartre écrit qu'il « rêve d'une destruction continuée » au sens où, renversant la création continuée chère à Descartes (cette doctrine énonce que Dieu maintient à chaque instant le monde à l'existence en le soutenant au lieu de l'avoir créé une fois pour toutes), le violent imagine fantasmatiquement qu'il maintient en permanence les objets dans le néant, comme si ceux-ci pouvaient refluer vers l'être. Sa facticité – état de ce qui est au monde comme un simple *fait*, contingent comme la racine de marronnier de *La Nausée* –, le violent entreprend aussi d'y mettre fin en se faisant démiurge omnipotent, pur « Moi » vide et avide de tout détruire, croyant ainsi justifier son existence en s'octroyant une nécessité.

TABLE DES MATIÈRES

TEXTES ET COMMENTAIRES

Achevé d'imprimer en juillet 2023 par *La Manufacture - Imprimeur* – 52200
Langres Imprimé en France – N° d'imprimeur :230523– Dépôt légal : avril 2009